LES DÉFIS CONTEMPORAINS DE LA DÉMOCRATIE ET DES DROITS DE L'HOMME EN AFRIQUE

Étude à l'aune du droit international et du droit régional

Collection « Études africaines »

Forte de plus de mille titres publiés à ce jour, la collection « Études africaines » fait peau neuve. Elle présentera toujours les essais généraux qui ont fait son succès, mais se déclinera désormais également par séries thématiques : droit, économie, politique, sociologie, etc.

Dernières parutions

Salomé SOLOUM, *Mode vestimentaire, accessoires et parures corporels dans le sud-Bénin du XVIIe au XIXe siècle*, 2025.
Salomon MAMPETA WABASA, *Gouvernance du parc national de la Salonga en RD Congo, Protectionnisme écologique et résistances locales*, 2025.
Ibrahim HAROUNA OUSMANE, Enjeux sécuritaires et mobilisation des jeunes dans les groupes extrémistes violents, Une analyse par l'exemple d'Abala au Niger, 2025.
Sous la direction de Saouré KOUAME, Philanthropie et développement de l'Afrique, 2025.
Romain KABONGO TCHISSENS, Gouvernance des entreprises publiques en République démocratique du Congo, Des sociétés à chartes aux sociétés commerciales, une déliquescence programmée, 2025.
Ilunga MUKADI, *Afromanie. Essai d'études africaines*, 2025.
Jean NSONSA VINDA et Pascal KAMUFUENKETE LUVUMBU, *La République Démocratique du Congo peut-elle décoller ? Fédéralisme et développement de la RDC*, 2025.
Daniel NDITIFEÏ BOYSEMBE, *La crise sécuritaire en République centrafricaine (2012-2019). La vérité sur le mouvement des Anti-balakas*, 2025.
Amouzou ESSÈ AZIAGBÉDÉ, *Pouvoir et illusion du pouvoir en Afrique noire*, 2025.
Sous la direction de Raphaël PORTEILLA et Hélène TOURARD, *Afrique et paix, De la gestion des crises à la culture de la paix*, 2025.

Riman Van

LES DÉFIS CONTEMPORAINS DE LA DÉMOCRATIE ET DES DROITS DE L'HOMME EN AFRIQUE

Étude à l'aune du droit international et du droit régional

L'Harmattan

5-7, rue de l'École-Polytechnique, 75005 Paris

http://www.editions-harmattan.fr

ISBN : 978-2-336-51331-7
EAN : 9782336513317

LISTE DES ABREVIATIONS

ACP : Afrique Caraïbe Pacifique

AG : Assemblée Générale

AGNU : Assemblée Générale des Nations Unies

APE : Accord de Partenariat Economique

APR : Armée Patriotique Rwandais

BINUSCA : Bureau International des Nations-Unies pour la Centrafrique

BM : Banque Mondiale

CADH : Convention Américaine des Droits de l'Homme

CADHP : Cour Africaine des Droits de l'Homme et des Peuples

CED : Consensus Européen pour le Développement

CEDEAO : Communauté Economique des Etats d'Afrique de l'Ouest

CEDH : Cour Européenne des Droits de l'Homme

CEE : Communauté Economique Européenne

CEEAC : Communauté Economique des Etats d'Afrique Centrale

CEI : Commission Electorale Indépendance

CENI : Commission Electorale Nationale Indépendante

CIJ : Cour Internationale de Justice

CNU : Charte des Nations-Unies

COPAX : Conseil de Paix et de Sécurité de l'Afrique Centrale

Cour-IDH : Cour Interaméricaine des Droits de l'Homme

CPJI : Cour Permanente de Justice Internationale

CSNU : Conseil de Sécurité des Nations Unies

DCP : Document Cadre Politique

DUDH : Déclaration Universelle des Droits de l'Homme

EFSD : European Fund for Sustainable Development

FED : Fonds Européen de Développement

FESCI : Fédération Estudiantine et Scolaire de Côte d'Ivoire

FMI : Fonds Monétaire International

FPI : Front Populaire Ivoirien

FRU : Front Révolutionnaire Unifié

IEDDH : Instrument Européen pour la Démocratie et les Droits de l'Homme

IVCDCI : Instrument de Voisinage, de Coopération au Développement et de Coopération Internationale

MICOPAX : Mission pour la Consolidation de la Paix en Afrique centrale

MINUSMA : Mission Multidimensionnelle Intégrée Des Nations-Unies pour la Stabilisation au Mali

MISCA : Mission Internationale de Soutien à la Centrafrique

MLN : Mouvement de Libération Nationale

OACP : Organisation des Etats d'Afrique Caraïbe Pacifique

OI : Organisation internationale

OMP : Opération de Maintien de la Paix

ONG : Organisation Non Gouvernementale

ONU : Organisation des Nations-Unies

ONUCI : Opération des Nations-Unies en Côte d'Ivoire

ONUMOZ : Opération des Nations-Unies au Mozambique

OR : Organisation régionale

OUA : Organisation de l'Unité Africaine

PADBG : Protocole Additionnel sur la Démocratie et la Bonne Gouvernance

Par. : Paragraphe

PDCI-RDA : Parti Démocratique de Côte d'Ivoire-Rassemblement Démocratique Africain

PED : Pays en Voie de Développement

PIDCP : Pacte International relatif aux Droits Civils et Politiques

PNUD : Programme des Nations-Unies pour le Développement

RDC : République Démocratique du Congo

TFUE : Traité sur le Fonctionnement de l'Union Européenne

TUE : Traité de l'Union Européenne

UA : Union Africaine

UE : Union Européenne

UEMOA : Union Economique et Monétaire de l'Afrique de l'Ouest

UNOCA : Bureau régional des Nations-Unies pour l'Afrique centrale

V : Voir

Résumé

Le vent de la démocratie qui a soufflé en direction de l'Afrique au début des années 90, n'a guère laissé indifférentes les organisations internationales et régionales. À l'instar des grandes puissances telles que la France, le Royaume-Uni et les Etats-Unis, elles vont s'inviter dans le débat démocratique africain, à travers des initiatives normatives, prétoriennes et opérationnelles prégnantes. Concrètement, ces Organisations vont promouvoir le principe de la « légitimité démocratique » en Afrique, en préconisant l'organisation des élections périodiques et honnêtes – et partant, elles vont contribuer à la consécration d'un « droit fondamental à la démocratie » en droit régional africain.

Cependant, nonobstant les efforts conjugués de la communauté internationale et des organisations internationales et régionales en faveur du processus démocratique, la démocratie peine à s'enraciner dans les sociétés africaines. Au contraire, elle amorce une « reculade » exponentielle qui suscite des interrogations substantielles. Il ne fait nul doute que la résurgence des coups d'Etat militaires et constitutionnels, la prolifération des conflits armés et des crises électorales empêchent sérieusement le processus d'évoluer.

Dans ce contexte particulièrement complexe, il est légitime de se demander si l'on ne devrait pas revisiter la vision de la démocratie promue en Afrique, notamment celle centrée essentiellement sur l'organisation des élections périodiques et honnêtes. En d'autres termes, l'exigence démocratique ne devrait-elle pas s'accommodée aux attentes réelles des peuples africains ? C'est-à-dire, promouvoir au-delà des élections, les droits et libertés, y compris le droit au développement des peuples africains, qui sont le socle granitique de la légitimité des pouvoirs politiques en Afrique.

Abstract

The wind of democracy that blew across Africa in the early 90s has hardly left international and regional organisations indifferent. Following the example of the great powers such as France, the United Kingdom and the United States, they are inviting themselves into the African democratic debate, through normative, praetorian and operational initiatives. In concrete terms, these organisations will promote the principle of 'democratic legitimacy' in Africa, by advocating the organisation of periodic and honest elections - and thus contribute to the consecration of a 'fundamental right to democracy' in African regional law.

However, despite the combined efforts of the international community and international and regional organisations in support of the democratic process, democracy is struggling to take root in African societies. On the contrary, it is beginning an exponential 'retreat' that raises substantial questions. There is no doubt that the resurgence of military and constitutional coups d'état, the proliferation of armed conflicts and electoral crises are seriously hampering the process.

In this particularly complex context, it is legitimate to ask whether we should not revisit the vision of democracy promoted in Africa, in particular that centred essentially on the organisation of periodic and honest elections. In other words, should democracy not be adapted to the real needs of the African people ? That is to say, beyond elections, promoting the rights and freedoms, including the right to development of the African people, which are the granite foundation of the legitimacy of political powers in Africa.

INTRODUCTION

Nul ne peut arriver au pouvoir sans passer, au préalable par des élections libres, honnêtes et transparentes. C'est en ces termes que, l'on peut traduire la vision de la démocratie promue en Afrique à la fin du XXème siècle.

En effet, depuis son apparition sur le continent africain au début des années 90, dans un processus *sui generis* porté à la fois, par les populations africaines (qui aspiraient à la liberté) et par des acteurs internationaux, la démocratie a proliféré en Afrique jusqu'à devenir omniprésente. Chaque année, des élections sont organisées à intervalle réguliers, et le citoyen africain peut jouir de son « droit fondamental à la démocratie ». Il peut se décider entre plusieurs candidats – et partant, peut exprimer sa citoyenneté en participant aux votes.

Ces élections indispensables dans une société démocratique sont, pour la plupart, financées par des acteurs internationaux. Ces dernières années, l'aide internationale à la démocratie en Afrique a décuplé. Des millions d'euros ont été mobilisés par les bailleurs de fonds, notamment des Etats et des organisations internationales, pour soutenir les efforts de démocratisation des Etats africains. Par exemple en 2020, l'Union européenne a soutenu l'organisations des élections en République Centrafricaine à hauteur de 15,5 millions d'euros.[1] En sus de ces aides internationales, la démocratie est financée à coût de millions de dollars et d'euros par les Etats africains. Par exemple, en 2018, les élections présidentielles et législatives ont coûté au Mali près de 76 millions d'euros, ceci, pour reconduire un Président au pouvoir depuis cinq ans. Au Cameroun, dans la même année, on a déboursé près de 82 millions d'euros, pour reconduire un Président aux affaires depuis novembre 1982.[2] En 2019, les élections présidentielles ont coûté à l'Etat Algérien près de 310 millions d'euros.[3] De même, en Côte d'Ivoire en 2020, on a déboursé environ 133 millions d'euros pour l'organisation des élections présidentielles et législatives.[4] En République Démocratique du Congo en 2023, on a dépensé plus de 160 millions de dollars pour les présidentielles, les législatives et les provinciales. [5]

Ainsi, sur le plan essentiellement électoral peut-on observer une évolution substantielle du processus de démocratisation africain. Cependant, nonobstant

---

[1]Voir:UE(ExternalAction) :https://www.eeas.europa.eu/eeas/lunion-europ%C3%A9enne-soutient-lorganisation-des-%C3%A9lections-en-r%C3%A9publique-centrafricaine-%C3%A0-hauteur-de-155_und_en

[2] Gaël MBALA, « Cameroun : voici le coût total de l'élection présidentielle du 7 octobre 2018 », *Le bled parle,* 23 septembre 2019, p.1 ; voir aussi : Pierre Claver NDAYICARIYE, « Le financement des élections et l'aide internationale »:https://recef.org/wp-content/uploads/31-Burundi-texte.pdf

[3] Voir précisément le site officiel de Algeriepartplus : https://algeriepart.com/lalgerie-a-depense-plus-dargent-sur-les-elections-quun-pays-aussi-riche-comme-la-france/

[4] Voir : Fédération atlantique des agences de presses africaines : https://www.faapa.info/blog/cote-divoire-133-millions-e-budget-des-prochaines-elections/

[5] Christophe RIGAUD, « RDC : les élections en toute opacité budgétaire », *Afrikarabia,* 19 juin 2024, p.1. https://afrikarabia.com/wordpress/rdc-des-elections-en-toute-opacite-budgetaire/

quelques avancées notables, l'on peut affirmer sans peine que le processus démocratique est confronté à une mare d'obstacles qui freine son évolution. On note entre autres : la résurgence des changements anticonstitutionnels de gouvernement, l'altération de la cohésion sociale par des hommes politiques qui se chamaillent pour le fauteuil présidentiel, sans oublier la violation continue des droits humains, la persistance des guerres et conflits post-électoraux, auxquels s'adosse désormais la menace terroriste. En raison de ces obstacles, la démocratie peine à s'imposer dans les sociétés africaines – mieux, elle amorce une « reculade » sans équivoque qui suscite de vives inquiétudes.

Dans ce contexte épineux, se pose la question de l'efficacité et de l'effectivité des méthodes de vulgarisation déployées par les acteurs internationaux au début des années 90, pour convaincre les nations africaines de la nécessité et l'urgence de transformer leur système politique respectif en une démocratie.

Dès lors, l'enjeu de cette étude est double. Il s'agit, en effet, d'évaluer le bilan complexe et mitigé du processus de démocratisation africain en droit international et régional d'une part, pour mieux discerner son impact dans le processus de consolidation des droits de l'homme sur le continent africain d'autre part.

Il va de soi qu'un tel enjeu exige, en amont de toute analyse substantielle, d'explorer le concept de démocratie (I) et sa prolifération en droit international (II). Il implique en outre, l'analyse conséquente du rapport entre la démocratie et les droits de l'homme (III), notamment le processus d'internationalisation des droits de l'homme au profit de la démocratie (IV) – ce qui permet, subséquemment, d'appréhender l'influence respective des deux concepts dans la transformation des systèmes politiques africains (V).

I. Le concept de démocratie

Essai de définition – Historiquement, la démocratie tire ses origines de la Grèce antique[6]. Elle vient du mot « *demos-kratos* », qui signifie *« le gouvernement du peuple, mieux la souveraineté collective »*[7]. C'est un système de gouvernance dans lequel la souveraineté appartient au peuple. En ce sens, Périclès affirmait en l'an 430 avant notre ère : « notre constitution est appelée démocratie parce que le pouvoir est entre les mains non d'une minorité, mais du peuple tout entier[8]». Ainsi, la démocratie est perçue dès l'antiquité comme un système politique dans lequel la souveraineté est exercée par le peuple. Le peuple étant l'unique détenteur du pouvoir, il confie la gestion de ses affaires à des représentants ou des élites librement choisies à travers des

---

[6] C'est dans la Cité antique d'Athènes que la première forme de gouvernance démocratique a vu le jour. Le peuple se rassemblait régulièrement sur l'Agora pour décider des affaires publiques. Les révolutions en Angleterre, en Amérique et en France au XVIIème et au XIIIème siècle, ont relancé l'attachement des peuples pour la démocratie. Reste, que ça relevait de l'ordre interne des Etats comme c'était le cas aussi des droits de l'homme. Voir précisément Zied AYARI., *L'exigence démocratique en droit international,* Mémoire, 2012, p.1.

[7] Anne-Marie LE POURHIER., « Définir la démocratie », *RFDC*, n°87, 2011/3, p.457.

[8] *Ibid.note.6.*

« élections libres et transparentes » : c'est le système de la représentativité. Il en découle que dans toute société démocratiquement organisée, le peuple souverain est le détenteur exclusif du pouvoir.

Montesquieu met en avant le rôle déterminant du peuple souverain dans une société démocratique, en exposant la différence fondamentale entre la démocratie et les autres formes de pouvoir. Pour lui, « lorsque dans la République, le peuple en corps a la souveraine puissance, c'est la démocratie. Lorsque la souveraine puissance est entre les mains d'une partie du peuple, c'est l'aristocratie. »[9] De même, Abraham Lincoln définit la démocratie comme « le pouvoir du peuple, par le peuple et pour le peuple[10]». Par analogie, Norbert Lenoir considère que « le peuple est à l'origine de la création d'un gouvernement, car il possède la puissance arithmétique de produire une majorité politique institutionnelle[11]». Ainsi selon ces auteurs, l'exercice de la souveraineté par le plus grand nombre ou la majorité établit la frontière entre la démocratie et les autres formes de pouvoir politique, à savoir l'aristocratie et l'oligarchie[12].

---

[9] Anne-Marie LE POURHIER., supra, note.6., p.460.

[10] *Ibid.*

[11] Norbert LENOIR, « La démocratie et son histoire », *PUF*, 2006, p.15.

[12] A ce propos, Jean Jacques Rousseaux écrivait dans le contrat social : *« le souverain peut en premier lieu, commettre le dépôt du gouvernement à tout le peuple ou à la plus grande partie du peuple, en sorte qu'il y ait plus de citoyens magistrats que de citoyens simples particuliers, on donne à cette forme de gouvernement le nom de démocratie. Ou bien il peut resserrer le gouvernement entre les mains d'un petit nombre en sorte qu'il y ait plus de citoyens que de magistrats, et cette forme porte le nom d'Aristocratie. Enfin il peut concentrer tout le gouvernement dans les mains d'un magistrat unique dont les autres tiennent leur pouvoir.*

L'évolution du concept vers une approche libérale – Il ne fait nul doute que la notion de démocratie a considérablement évolué au cours des siècles écroulés – si bien qu'aujourd'hui, l'acception de la démocratie ne se limite pas uniquement à l'exercice du pouvoir conféré par le peuple souverain aux élites, mais, elle prend aussi en considération les droits et libertés de ce peuple. Il s'ensuit qu'un régime démocratique se définit par sa capacité à accorder les droits et libertés aux citoyens qui fondent sa légitimité. C'est la conception « libérale » de la démocratie.

Pour les libéraux, la démocratie est le moyen par lequel les libertés individuelles et collectives sont garanties. Elle apparait comme un système de gouvernement qui tend à inclure la liberté dans les relations de commandement à obéissance, inséparables de toute société politiquement organisée. L'autorité y subsiste sans doute, mais elle est aménagée de telle sorte que, fondée sur l'adhésion de ceux qui lui sont soumis, elle demeure compatible avec leur liberté. [13]

L'approche libérale de la démocratie met l'accent sur les droits civils et politiques de l'individu. Ainsi, le modèle de la démocratie libérale, telle qu'illustré par l'approche des libéraux, réfère à une philosophie axée sur le respect de l'Etat de droit. C'est-à-dire, l'Etat doit respecter et faire respecter le principe de légalité dans la République, et garantir aux citoyens les droits

---

Cette troisième forme est la plus commune et s'appelle Monarchie ou gouvernement royal ». Voir : Salwa HAMROUNI., *L'ONU et la démocratie,* Mémoire, Université de Tunis, 1996.

[13] *Ibid.*

fondamentaux, les libertés publiques, le pluralisme politique, les élections libres et transparentes. La démocratie libérale a fini par s'imposer au monde en tant que modèle universel, largement défendu et adopté par la communauté internationale comme fondement de la légitimité des pouvoirs politiques en droit international.

II. L'exigence démocratique en Droit international

La conception libérale de la démocratie a favorisé l'émergence de nouveaux concepts en droit international, notamment « le principe de la légitimité démocratique » accepté par les Etats comme fondement de la « légitimité » et de la « légalité » du pouvoir politique.

La légitimité démocratique, dans son acception originelle, renvoie à l'idée d'un régime démocratique qui est le seul dont la capacité à édicter les ordres auxquels on doit obéir est acceptée ou reconnue.[14] Cela signifie que seul un gouvernement démocratiquement élu est bon – mieux, la seule valeur politique de celui-ci est la démocratie.

À partir de ces considérations, peut-on définir la légitimité démocratique comme un régime ou un gouvernement arrivé au pouvoir à travers un processus *sui generis* compatible avec les règles démocratiques. En d'autres termes, un régime voulu et librement choisi par le peuple (souverain) qui s'est exprimé à travers des

---

[14] Dodzi KOKOROKO., « Souveraineté étatique et principe de légitimité démocratique », *RQDI*,n°16, 01/2003, p.37.

élections libres, transparentes et honnêtes, dans le respect de l'état de droit et des droits de l'homme.

Cependant, il est impérieux de préciser que la légitimité démocratique n'est pas une question nouvelle en droit international. On pense à cet égard, à la doctrine « *Seward* » qui s'est sérieusement penchée sur la question de la légitimité constitutionnelle de certains gouvernements, démarche qui sera reprise par le président américain Wilson, qui en a fait une politique systématique à l'endroit des gouvernements qui ne pouvaient se réclamer de l'assentiment formel des peuples (de 1913 à 1920).[15] Dans le même ordre d'idées, la doctrine « *Tobar* »[16] formulée en 1907 invitait déjà les Etats à s'abstenir de reconnaître un gouvernement étranger, si celui-ci est arrivé au pouvoir par des moyens contraires à la constitution du pays.

Ce principe sera également évoqué dans la doctrine « *Betancourt* » proposée par le Président vénézuélien en 1959, qui voulait prévenir les coups d'Etat par la non-reconnaissance, des sanctions économiques, et le cas échéant par l'exclusion des gouvernements illégitimes et illégaux de l'organisation des Etats Américains[17].

Le principe de la légitimité démocratique vient ainsi bouleverser l'ordre et l'autonomie constitutionnels des Etats, auxquels il impose désormais un mode

---

[15] Dodzi KOKOROKO., *Supra, note.*14, p.43.

[16] Remiguisz BIERZAMECK., « La non-reconnaissance et le droit international contemporain », *AFDI,* 1962, p.117-137

[17] Ibid., *note.15,* p.3759

singulier d'accession aux instances du pouvoir exécutif central au niveau national, à savoir « l'organisation des élections libres et honnêtes ».[18] Aujourd'hui, ce principe est largement reconnu en droit international, si bien que pour Professeur Maurice KAMTO, « il constitue désormais, avec l'exigence de l'état de droit et les droits de l'homme le pilier de la gouvernance politique de l'Etat moderne. »[19]

Rappelons tout de même que le droit international est longtemps resté silencieux au sujet de la reconnaissance ou non de la légitimité démocratique comme fondement du pouvoir politique moderne. Car, les Etats et les organisations internationales considéraient que cette question relevait de la compétence exclusive des Etats, donc une compétence de l'ordre juridique interne. Par conséquent, le droit international et ses sujets (primaires ou secondaires) ne pouvaient intervenir dans le choix de l'organisation politique des Etats, tel que le recommande le principe de l'égalité souveraine des Etats consacré à l'article 2 paragraphe 1 de la charte des Nations unies, en vertu duquel :

« L'organisation est fondée sur le principe de l'égalité souveraine de tous ses membres. »[20]

Ce principe de l'égalité découle de la nature souveraine des Etats. Il signifie que les Etats sont égaux en droit international quelque soient leurs formes

---

[18] Jean D'ASPREMONT., « L'émergence et déclin de la gouvernance démocratique internationale », *RQDI*, .02/2009, p.57-80

[19] Maurice KAMTO., *Droit international de la gouvernance*, A. PEDONE, p.80.

[20] V : art.2 de la charte des Nations Unies de 1945.doc.pdf. Disponible sur le site officiel de l'ONU.

politiques, leurs dimensions géographiques, ou leurs situations économiques.

Cette disposition a été renforcée par l'article 2 paragraphe 7 de la Charte des Nations unies, qui énonce le principe de *non-intervention* dans les affaires intérieures des Etats. En effet, selon les dispositions de cet article :

« Aucune disposition de la présente charte n'autorise les Nations Unies à intervenir dans les affaires qui relèvent essentiellement de la compétence d'un Etat ni n'oblige les Etats membres à soumettre des affaires de ce genre à une procédure aux termes de la présente charte ; toutefois, ce principe ne porte en rien atteinte à l'application des mesures de coercition prévues au chapitre VII. »[21]

Le principe de non-ingérence implique qu'aucun Etat membre de l'organisation des Nations unies, quelque soient les motifs, ne peut interférer dans les affaires intérieures d'un autre Etat, encore moins dans son organisation politique. Une telle incursion pourrait être interprétée comme un acte de violation de la souveraineté de cet Etat.

Ce principe de non-ingérence est souvent invoqué par certains Etats pour faire obstacle à la pénétration des droits de l'homme et de la démocratie dans l'ordre juridique interne. En revanche, nonobstant cette résistance, le droit international est parvenu à imposer aux Etats et aux organisations internationales la

---

[21] V : Art.2 § 7 de la CHNU.doc.pdf. Disponible sur le site officiel de l'ONU.

nécessité de concilier l'exigence démocratique avec les droits de l'homme.

III. Le lien intrinsèque entre démocratie et droits de l'homme

Les questions relatives aux droits de l'homme et à la démocratie ont toujours été appréhendées par le droit international comme relevant de l'ordre juridique interne, et donc de la compétence exclusive des Etats. En effet, en tant que sujets primaires de droit international, les États sont souverains aussi bien dans l'ordre juridique international que dans leur ordre juridique interne. Ils disposent d'une autonomie constitutionnelle à l'égard des autres sujets.

Par ailleurs, le droit international est fondé sur le principe de l'égalité souveraine des Etats. Ce principe implique que les Etats sont égaux en droit, aucun Etat n'est au-dessus des autres – ils sont indépendants et ne sont liés que par leurs propres engagements. C'est ce qu'affirmé la Cour Permanente de Justice Internationale (CPJI) en 1927 dans l'affaire du *Lotus*. Selon la Cour, *« Les limitations de l'indépendance des Etats ne se présument pas. »*[22]

La Cour internationale de justice a confirmé cette approche dans son avis consultatif relatif au *Statut du Sahara occidental*, rendu en 1975 :

---

[22] CPJI, *Affaire du lotus*, 1927 §67.

« Aucune règle de droit international n'exige que l'État ait une structure déterminée, comme le prouve la diversité des structures étatiques qui existent actuellement dans le monde[23] *».*

Au surplus, en 1986, dans l'affaire relatif aux *Activités militaires et paramilitaires au Nicaragua et contre celui-ci,* la CIJ a clairement indiqué que :

« Les orientations politiques internes d'un État relèvent de la compétence exclusive de celui-ci pour autant (...) qu'elles ne violent pas le droit international. Chaque État possède le droit fondamental de choisir et de mettre en œuvre comme il l'entend son système politique, économique et social[24] *».*

La Cour poursuit son raisonnement en soulignant que :

« L'adhésion d'un État à une doctrine particulière ne constitue pas une violation du droit international coutumier ; conclure autrement reviendrait à priver de son sens le principe fondamental de la souveraineté des États sur lequel repose tout le droit international, et la liberté qu'un État a de choisir son système politique, social, économique et culturel »[25]

S'appuyant sur la position de la Cour, certains auteurs ont considéré que le choix du modèle de l'organisation politique et les droits à accorder aux populations vivant sur le territoire de l'Etat faisaient partie du domaine réservé, et que le droit international ainsi que ses

---

[23] V : CIJ, *Avis consultatif du 16 octobre 1975, Recueil de 1975*, p.12.

[24] V : CIJ., Arrêt du 27 juin 1986, *Activités militaires et paramilitaires au Nicaragua et contre celui-ci*, p.14.

[25] *Ibid.*

sujets n'avaient pas les compétences pour intervenir dans ces affaires qui relèvent de la souveraineté étatique[26]. *A contrario,* d'autres considèrent que l'évolution remarquable de la protection internationale des droits de l'homme, largement consentie par les Etats, a produit des brèches dans la souveraineté absolue des Etats, laissant ainsi une ouverture possible à la légitimité démocratique comme cadre idéal pour la promotion des droits de l'homme au niveau interne.

Cette évolution a contraint le droit international à concilier l'exigence démocratique avec les droits des individus qui fondent la légitimité du pouvoir politique. Progressivement, on est passé de la conception classique de la démocratie (le pouvoir du peuple, par le peuple et pour le peuple) à la reconnaissance d'un lien intrinsèque entre démocratie et droits de l'homme. Ce lien intrinsèque est perceptible à travers la déclaration de Vienne adoptée en 1993 lors de la conférence mondiale des chefs d'Etat et de gouvernement de l'ONU. Il est clairement indiqué dans cette déclaration, l'existence d'un lien entre démocratie, développement et droits de l'homme en ces termes :

« La démocratie est fondée sur la volonté librement exprimée, du peuple qui détermine le système politique, économique, social et culturel qui sera le sien et sur sa pleine participation à tous les aspects de la vie de la société. Cela posé, la promotion et la protection des droits de l'homme et des libertés fondamentales, aux niveaux national et

---

26 Véronique HUET., « L'autonomie constitutionnelle des Etats : déclin ou renouveau ? », *RFDC,* n°73, 2008, p.16-18.

international, devraient être universelles et se réaliser sans l'imposition d'aucune condition. La communauté internationale devrait s'employer à renforcer et promouvoir la démocratie, le développement et le respect des droits de l'homme et des libertés fondamentales dans le monde entier[27] ».

De cette déclaration, est née une obligation pour les Etats de respecter et de promouvoir les droits de l'homme à travers les principes démocratiques. La légitimité démocratique est ainsi revalorisée à travers l'exigence et la nécessité de la concilier avec la protection des droits et libertés des citoyens. Dès lors, on assiste à l'émergence d'une idée nouvelle : l'internationalisation des droits, notamment des droits de l'homme dans la sphère mondiale au profit de la démocratie.

IV. L'internationalisation des droits de l'homme au profit de la démocratie

L'existence d'un lien intrinsèque entre la démocratie et les droits de l'homme va favoriser l'émergence d'un vaste mouvement d'internationalisation des droits de l'homme au profit de la démocratie.

En effet, au lendemain de la proclamation de la Déclaration Universelle des Droits de l'Homme (DUDH), l'Assemblée Générale de l'ONU a reconnu dans sa résolution 285 adoptée le 25 avril 1949 que :

---

[27] Voir : *Les Nations Unies, droits de l'homme, conférence mondiale sur les droits de l'homme, Vienne, 1993.*

« Les questions de la protection des droits de l'Homme dans la communauté internationale universelle ne sont plus des affaires qui relèvent essentiellement de la compétence nationale d'un État, car elles sont en principe régies par le droit international, bien que ce soit encore le droit interne qui les règle normalement »[28].

Dès lors, étant régis par le droit international, la démocratie et les droits de l'homme deviennent des préceptes fondamentaux que doivent respecter et appliquer les Etats qui ont manifesté leur consentement à leur égard.

Cette « obligatoriété » du respect des principes démocratiques fondés sur les valeurs substantielles de l'état de droit et des droits de l'homme vient limiter l'autonomie constitutionnelle des Etats. Véronique Huet est très explicite sur ce point lorsqu'elle affirme que, « l'évolution du droit en la matière a très certainement relativisé la souveraineté, dans le sens d'une protection accrue des droits de l'homme dans de nombreux pays, bien qu'elle reste encore timide dans certains pays non respectueux des droits humains. Ce sont les États qui ont, par leur volonté commune, favorisé l'entrée des droits de l'homme dans l'ordre international en participant largement aux traités multilatéraux de protection des droits de l'homme ».[29]

En clair, selon Véronique Huet, « si dans son ordre juridique interne, l'État a la compétence de la compétence, disposant d'un faisceau de compétences

[28] Salwa HAMROUNI., *op.cit.*
[29] Véronique HUET, *op.cit,* p.65-87.

d'attribution régies par son droit interne, l'État doit se soumettre aux règles de droit international auxquelles il a participé et celles qui s'imposent à sa volonté souveraine. Ainsi, la souveraineté étatique n'étant en aucun cas absolue, mais au contraire limitée par le droit international, un État souverain pouvant s'obliger par sa propre volonté à s'autolimiter par voie conventionnelle ou coutumière. »[30]

Dans le même ordre d'idées, Jean Antonio Carrilo soutient que, « les droits de l'homme ne viennent pas porter atteinte ou éliminer la souveraineté des Etats comme tentent de nous le faire avaler les défenseurs de la thèse souverainiste. Au contraire, ils viennent limiter la souveraineté étatique en rappelant aux Etats leurs obligations positives de respecter et faire respecter les droits de l'homme. Ces obligations leur sont imposées par le droit international contemporain en vue d'étendre la promotion et la protection effective de la dignité propre à tout être humain ».[31]

Au gré de ces considérations, il semble à notre avis, que le « socle granitique » de la légitimité démocratique en droit international, c'est l'évolution des droits humains, consacrés par les instruments internationaux et régionaux de protection des droits de l'homme. Ce constat est marqué par la progression exponentielle des droits de l'homme à l'échelle internationale et par la nécessité de faire évoluer certains

---

[30] Véronique HUET., *Supra.note.25.*

[31] Jean ANTONIO., *Souveraineté des Etats et droits de l'homme en droit international contemporain,* Dalloz, 2016, p.67.

systèmes politiques vers une gouvernance démocratique. Ce qui fait de ces instruments de véritables frontières pour la souveraineté des Etats, les Etats qui doivent désormais en tenir compte dans leurs systèmes normatifs respectifs.

Enfin, l'émergence de la légitimité démocratique et des droits de l'homme en droit international va relancer les processus de démocratisation dans certaines régions du monde. En Amérique Latine, l'ouverture des droits internes au droit international favorise une vague de réforme constitutionnelle entre la fin des années 80 et le début des années 90. Divers pays de la région ont réformé leurs constitutions et ont consacré l'ouverture aux droits de l'homme, en leur accordant une place prépondérante dans la hiérarchie des normes[32].

Par ailleurs, dans le système interaméricain de protection des droits de l'homme, le modèle démocratique est largement vulgarisé à travers un contrôle de plus en plus poussé exercé par la Cour Interaméricaine

---

[32] Les adhésions aux traités (mondiaux ou régionaux) relatifs aux droits de l'homme et les acceptations du contrôle international se sont multipliées. Outre l'évolution du contrôle mondial réalisé par le Comité des droits de l'homme de l'ONU (organe de contrôle du Pacte international relatif aux droits civils et politiques), grâce aux adhésions à la Convention américaine des droits de l'homme (CADH) et à la reconnaissance de la compétence de la Cour interaméricaine par un nombre de plus en plus important de pays, le système interaméricain de protection des droits de l'homme a pu développer sa jurisprudence (quantitative et qualitativement), promouvant, lui aussi, la démocratie à travers la diffusion et l'impact de ses décisions dans les États membres. Le *cercle vertueux* cité peut, partant, être résumé de la manière suivante : la démocratie renforce les organes internationaux de contrôle et la jurisprudence de ces organes internationaux défend le modèle démocratique fondé sur les droits de l'homme et l'Etat de droit. Sur ce point, voir Véronique HUET., *ibidem*.

des Droits de l'Homme (Cour IDH). Ce contrôle a contribué à la prolifération des principes démocratiques en Amérique latine, et partant, a entrainé la disparition de plusieurs régimes autoritaires dans la région à la fin des années 90. À cet égard, la Cour IDH s'est prononcée à plusieurs reprises sur des cas de violation des droits civils, notamment dans une décision de 2005, où elle a condamné le Nicaragua pour avoir violé l'article 23[33] de la Convention en privant des membres d'une communauté indigène (minorité ethnique) de participer à des élections municipales. Selon le raisonnement de la Cour IDH, exiger que les candidats intègrent un parti politique est contraire à la Convention, surtout lorsqu'une telle exigence méconnaît la culture politique de la communauté indigène en question[34].

Le contrôle exercé par la Cour IDH répond dans une certaine mesure à l'exigence de promouvoir les principes démocratiques en y incluant les droits et libertés des citoyens américains. C'est d'ailleurs ce que soutient Véronique Huet, en soulignant que, « le système interaméricain voit dans la démocratie le seul système politique permettant la mise en œuvre des droits de l'homme. »[35]

Après l'expérience américaine, l'Afrique ne sera pas épargnée par ce vaste mouvement d'internationalisation de la démocratie et des droits de l'homme, et surtout de la nécessité de concilier le processus de

---

[33] Voir : article 23 de la CIDH.
[34] Cour IDH., *(décision de 2005, §12)*
[35] *Ibid.*

démocratisation africain avec la garantie des droits fondamentaux des peuples africains. Tout comme en Amérique latine, les systèmes politiques africains seront à leur tour bouleversés par l'exigence démocratique et des droits de l'homme.

V. L'influence respective de la démocratie et des droits de l'homme dans la transformation des systèmes politiques africains

Le vaste mouvement d'internationalisation de la démocratie et des droits de l'homme n'a guère épargné l'Afrique. Dès les années 90, influencés par des facteurs exogènes, les peuples africains se mirent en ordre de bataille pour conquérir la démocratie et ses valeurs consubstantielles. Au niveau international, des voix s'élèvent pour encourager l'initiative des pays africains. Ainsi, des grandes puissances telles que la France, le Royaume-Uni et les Etats-Unis d'Amérique prirent des initiatives pour accompagner ce processus d'acceptation et d'intégration des valeurs démocratiques en Afrique.

Ce mouvement de démocratisation et des droits de l'homme a été suscité en partie par la chute du mur de Berlin ayant entrainée la dislocation du bloc soviétique. Cet évènement a favorisé l'éclosion de la démocratie et des droits de l'homme en Europe de l'Est. Au même moment, les débats sur la démocratisation en Afrique refirent surface, dominés par la controverse sur l'influence respective des facteurs externes et internes de ce phénomène historique. Il va sans dire que la chute du mur de Berlin en 1989 et le discours de la Baule du président François MITTERRAND ont été les facteurs exogènes déterminants de ce processus.

En revanche, les causes des revendications démocratiques étaient avant tout les dictatures militaires et policières dans lesquelles s'étaient en pressés certains pays africains au lendemain des indépendances. C'est dans ce contexte absurde que le 20 juin 1990, à La Baule (station Balnéaire de la côte Bretonne) le Président François Mitterrand réunit les chefs d'Etat Africains, puis dans un discours historique les invita à adopter la démocratie comme modèle de gouvernance politique. Au surplus, il leur a recommandé de contribuer à l'émergence des normes démocratiques dans leurs pays à travers des réformes constitutionnelles profondes, à l'instar des pays d'Europe de l'Est, qui avaient franchi cette étape après la chute du mur de Berlin et du communiste en 1989 :

« La France liera tout son effort de contribution aux efforts qui seront accomplis pour aller vers plus de liberté »[36], affirma le patron de l'Elysée.

En affirmant qu'il ne saurait y avoir de vrai développement sans démocratie, et en conditionnant l'aide française à la démocratisation, le Président français lança le premier jet du processus de démocratisation africain, et partant, posa les bases d'une revendication démocratique au niveau national.

---

[36] Jean SAVES., « Le discours de la Baule », *herodote.net*, 20 juin 1990, p.1

En effet, le discours du Président français, et ce changement qui affleurait peu à peu au niveau international ravivèrent le désire de liberté des peuples africains. C'est ainsi qu'en 1990, des mouvements syndicaux se formèrent de part et d'autre pour faire face aux régimes des partis uniques. Fragilisés par la crise économique et les mesures drastiques d'ajustements structurels imposées par les institutions financières internationales, ces régimes n'arrivèrent plus à répondre aux attentes de leur peuple. Ainsi, face à la baisse du prix des matières premières, aux conditions de vie dégradante, au chômage et à la pauvreté grandissante, les mouvements de colère et de contestation affleurèrent partout sur le continent pour revendiquer le multipartisme et la démocratie[37].

Concrètement, dans la plupart des pays africains, les populations réclamèrent la fin du parti unique, l'instauration du multipartisme, l'organisation des élections inclusives, libres, honnêtes et ouvertes à tous les partis politiques, l'utilisation des urnes transparentes[38]. Ainsi, les revendications démocratiques illustrées par le pluralisme politique et identitaire actuel, plonge ses racines dans l'échec du parti unique en tant qu'instrument de construction de l'Etat-Nation qui avait été le

---

[37] Riman VAN., *Le dilemme de la vengeance : les larmes d'un paradis déchiré*, Sydney Laurent, 14 janvier 2021, p.23-24.

[38] Karim BAMBA et Kévin ADOU.,*Côte d'Ivoire : chronique d'une crise*, CERAP, p.13-20.

projet politique des coalitions de libération anticoloniale[39].

La démocratie s'étant exportée en Afrique, des organisations internationales et régionales vont s'en faire apôtres et inciter les pays africains à s'inscrire davantage dans la dynamique du changement de leur système politique en faveur de la démocratie.

Au niveau universel, l'Organisation des Nations Unies (ONU) se lance dans une vaste opération de promotion des principes démocratiques, en invitant ses Etats membres à promouvoir le principe des élections libres et honnêtes et à respecter les droits de l'homme. C'est ainsi que dans la résolution 43/157 du 8 décembre 1988, l'Assemblée Générale des Nations unies rappelle, « l'obligation que lui impose la Charte des Nations Unies de développer et d'encourager le respect des droits de l'Homme et des libertés fondamentales pour tous ».

Par conséquent, l'Assemblée Générale précise, en reprenant les termes de la Déclaration Universelle des Droits de l'Homme, et du Pacte international relatif aux droits civils et politiques que :

« Toute personne a le droit de prendre part à la direction des affaires publiques de son pays soit directement, soit par l'intermédiaire de représentants librement choisis, que toute personne a le droit à accéder, dans des conditions d'égalité aux fonctions publiques de son pays, que la volonté du peuple est le fondement de l'autorité des pouvoirs publics et

---

[39] Christelle GBOH., *L'Union Africaine à l'épreuve de la démocratie*, Mémoire, Université catholique de l'Afrique de l'Ouest, 2010, p 5.

que cette volonté doit s'exprimer par des élections honnêtes qui doivent avoir lieu périodiquement, au suffrage universel égal et au vote secret ou suivant une procédure équivalente assurant la liberté de vote[40] ».

L'AGNU précise au surplus que les dispositions du Pacte international relatif aux droits civils et politiques prévoient que :

« *Tout citoyen a droit, sans distinction aucune de prendre part à la direction des affaires publiques, soit directement, soit par l'intermédiaire de représentants librement choisis, de voter et d'être élu au cours d'élections périodiques, honnêtes, au suffrage universel et égal et au scrutin secret, assurant l'expression libre de la volonté des électeurs et d'accéder dans des conditions générales d'égalité, aux fonctions publiques de son pays*[41] ».

Par ailleurs, dans la résolution 44/146 du 15 décembre 1989, l'AGNU souligne l'obligation qu'incombe aux Etats d'organiser des élections démocratiques, en ces termes :

« *Pour déterminer la volonté du peuple il faut un processus électoral qui donne à tous les citoyens des chances égales de devenir candidats et de faire valoir leurs vues politiques que ce soit à titre individuel ou conjointement avec d'autres, dans le cadre délimité par la constitution et la législation nationale*[42] ».

Au niveau européen, l'Union Européenne (UE) va intégrer l'exigence démocratique et des droits de

---

[40] Salwa HAMROUNI., *op.cit.*
[41] *Ibid.*
[42] *Ibid.*

l'homme dans sa politique extérieure. Ainsi, dans le cadre des accords de partenariat économique avec les pays d'Afrique Caraïbe Pacifique (ACP), l'Union va introduire dans les accords des clauses relatives au respect de la démocratie, de l'Etat de droit, des droits de l'homme et de la bonne gouvernance, comme condition de mise en œuvre de ces accords.

S'inspirant des autres organisations internationales et régionales, l'Union Africaine va promouvoir à son tour la démocratie sur le continent Africain, en invitant ses Etats membres à ne pas reconnaître tout gouvernement arrivé au pouvoir par des moyens anticonstitutionnels. À cet effet, l'organisation va imposer la démocratie comme norme fondamentale dans le doit de l'Union.

À l'instar de l'Union Africaine, la Communauté Economique des Etats d'Afrique de l'Ouest (CEDEAO) va intégrer le processus de démocratisation africain dans son agenda, à travers l'adoption d'un Protocole Additionnel sur la démocratie, les élections et la bonne gouvernance.

Outre les initiatives de l'Union Africaine et de la CEDEAO, la Cour Africaine des Droits de l'Homme et des Peuples (CADHP) va s'inviter également dans le débat démocratique, et étendre la protection des droits de l'homme au processus électoraux en cours dans les pays africains. C'est ainsi que dans sa célèbre décision du 14 juin 2013, la Cour a condamné la Tanzanie, pour avoir violé l'article 13 (§1[43]) de la charte africaine des droits de l'homme et des peuples, en rejetant la candidature d'un candidat indépendant aux élections présidentielles, en application d'une disposition constitutionnelle[44]. Par cette première décision, la CADHP inscrit le système africain de protection des droits de l'homme parmi les systèmes mondiaux participant à la consolidation de la norme démocratique et à l'émergence des droits de l'homme sur le continent africain.

Ainsi, peut-on souligner à juste titre que, l'émergence de la légitimité démocratique en droit international et en droit régional, a servi de base solide à la lutte contre les régimes autoritaires et dictatoriaux qui régnèrent en Afrique depuis les indépendances. C'est sur cette base que les organisations internationales et régionales vont exiger des Etats africains l'intégration des droits de l'homme et des principes démocratiques dans leurs constitutions respectives.

Cependant, nonobstant l'apport significatif des organisations internationales et régionales, peut-on affirmer avec certitude que la démocratie et les droits de l'homme sont devenues des valeurs effectives en Afrique ?

L'intérêt de cette interrogation substantielle est double. Elle permet d'évaluer l'apport respectif du droit international et du droit régional africain dans le

---

[43] Voir : Art.13 par.1 de la CADHP : « *Tous ls citoyens ont le droit de participer à la direction des affaires publiques de leur pays, soit directement, soit par l'intermédiaire de représentants librement choisis, ce, conforment aux règles édictées par la loi.* »

[44] Cour ADHP, *Affaire Mtikila.c. Tanzanie,* 14 juin 2013, §109.

processus d'intégration des principes démocratiques et des droits de l'homme dans les sociétés africaines d'une part **(Première partie),** et permet de relever les insuffisances pour mieux envisager les perspectives d'autre part **(deuxième partie).**

PREMIERE PARTIE

L'exigence démocratique et des droits de l'homme en Afrique : l'apport substantiel du droit international et du droit régional

L'avènement de la démocratie en Afrique n'a guère laissé indifférents le droit international et le droit régional. A l'instar des grandes puissances telles que la France, le Royaume-Uni et les Etats-Unis, les organisations internationales et régionales vont s'inviter dans le débat démocratique africain, à travers la vulgarisation des normes démocratiques dans les systèmes de gouvernance et la promotion des droits humains. Ayant cerné « l'indispensabilité » de la démocratie et des droits de l'homme pour l'Afrique et sa population, et surtout leur apport substantiel pour la stabilité, la sécurité et le développement économique du continent, elles vont en faire leur cheval de batail tant sur le plan normatif que sur le plan opérationnel.

Au niveau universel, l'Organisation des Nations Unies s'est fortement impliquée dans les processus électoraux, à travers la promotion du principe d'élections périodiques et honnêtes, et une assistance électorale importante apportée aux pays africains. De même, pour soutenir l'effort de démocratisation des Etats africains, l'Union Européenne va exiger de ses partenaires économiques d'Afrique, Caraïbe, Pacifique (ACP) le respect des normes démocratiques et des droits de l'homme comme condition d'octroie des préférences commerciales.[45] S'inscrivant dans la même logique, l'Union Africaine, la CEDEAO et la CEEAC firent de la démocratie, des droits de l'homme et la bonne

[45] Voir à cet effet, l'évolution des relations économiques ACP-UE depuis la convention de Yaoundé jusqu'à l'accord poste-Cotonou. Mathieu CARDON, *Cour de droit international économique*, Université Jean Moulin Lyon 3.

gouvernance en Afrique les priorités de leur programme respectif de coopération régionale.

Ainsi, cette première partie sera essentiellement consacrée aux actions normatives et opérationnelles des organisations internationales et régionales en faveur de la démocratie et des droits de l'homme en Afrique. Dès lors, il s'agit de mettre en exergue la contribution de l'organisation des Nations unies et de l'Union européenne **(chapitre 1)**, conjuguée avec l'implication des organisations régionales africaines dans le processus de normativisation de la démocratie et des droits de l'homme en Afrique **(chapitre 2).**

Chapitre 1

L'exigence démocratique et des droits de l'homme au niveau onusien et européen

Profitant du contexte international favorable à la démocratisation et à l'internationalisation des droits humains, l'ONU, organisation universelle par excellence va jouer un rôle décisif dans la démocratisation des systèmes politiques africains (section1). Suivant les pas de l'organisation universelle, l'Union Européenne prit part à ce processus *sui generis* à travers des actions normatives prégnantes (section 2).

Section 1 : L'ONU et la vulgarisation des principes démocratiques en Afrique

Initialement créée en 1945 pour organiser le monde, sauvegarder la paix et la sécurité internationales, l'organisation des Nations Unies a vu son champ d'action s'élargir à d'autres domaines, notamment la démocratie, les droits de l'homme et l'Etat de droit. Dès la fin des années 80, l'Organisation s'immisça dans le débat démocratique africain, d'abord, en invitant ses Etats membres à respecter les normes internationales, notamment celles relatives à la démocratie, à la bonne gouvernance et aux droits de l'homme, puis, en adoptant des résolutions qui imposent des obligations démocratiques aux Etats. Même si cette immixtion fut jugée tardive *(Paragraphe 1),* elle contribua à l'éclosion des valeurs démocratiques en Afrique, tant sur le plan opérationnel que sur le plan normatif *(paragraphe 2).*

Paragraphe 1 : L'intervention tardive de l'ONU dans les processus de démocratisation des Etats

L'implication de l'organisation des Nations Unies dans la promotion des normes démocratiques en Afrique et dans le monde n'est pas une approche nouvelle. Dès la fin de la seconde guerre mondiale, l'ONU fit de la promotion de la démocratie, des droits de l'homme et de l'Etat de droit une priorité absolue. Cependant, face à l'exigence de certains principes de droit international, notamment l'égalité souveraine des Etats, l'Organisation récusa d'abord toute intervention dans ces domaines qui relevèrent de la compétence exclusive des Etats (A), avant de faire évoluer sa position au milieu des années 80 (B).

A. La neutralité de l'ONU : conséquence de la souveraineté des Etats en droit international

Contrairement aux droits de l'homme, la démocratie est rentrée tardivement dans le champ de compétence de l'ONU. Conçue au départ pour organiser les rapports entre les Etats, l'Organisation s'est toujours gardée d'intervenir dans la politique interne de ses Etats membres – laissant ainsi le soin à chaque Etat de décider de son destin, définir son modèle de société et choisir sa forme politique conformément au droit international en vigueur.

La liberté laissée aux États dans le choix de leur système politique respectif primait comme conséquence de la souveraineté et du principe de non-intervention dans les affaires internes des Membres. Les seules exceptions à cette politique de non-intervention concernaient les cas extrêmes des régimes nazis, des gouvernements fascistes et racistes : à ce titre, on pourrait souligner le rôle éminent joué par l'Organisation dans l'éradication du régime de l'apartheid en Afrique du Sud. Notons cependant que, si l'Organisation n'a éprouvé aucune difficulté à intervenir dans ces cas cités, c'est en partie à cause de la violation grave des droits humains commise par ces régimes extrêmes.

Cette position de l'Organisation était essentiellement fondée sur deux dispositions principales de la Charte des Nations unies : d'abord l'article 2 par.1 qui consacre l'égalité souveraine des Etats, puis l'article 2 par.7 qui interdirait toute intervention de l'Organisation et ses Etats membres dans les affaires intérieures de chaque Etat.

Conformément à l'article 2 paragraphe 1 de la charte des Nations Unies :

« L'Organisation est fondée sur l'égalité souveraine de ses Etats membres ».

Autrement dit, les Etats n'ont que des égaux sur la scène internationale – aucun Etat étant supérieur à un autre quel que soit sa forme politique, sa puissance économique ou militaire. L'existence du principe d'égalité souveraine, soutient Marcelo G. KOHEN, « est une nécessité logique qui découle de l'existence même de la société internationale interétatique. Dans un milieu dont les sujets sont des entités souveraines les rapports sont fondés sur une relation d'égalité. Là où les rapports sont horizontaux et non verticaux, où il n'existe pas de pouvoir supérieur aux Etats, il ne peut exister qu'une relation d'égalité ».[46]

Même si le principe de l'égalité souveraine permet d'établir un équilibre dans les rapports interétatiques, l'auteur éprouve cependant un sentiment mitigé quant à son efficacité. Ainsi, considère-t-il que, « le principe de l'égalité souveraine ne jouit pas d'une bonne réputation. Dans le meilleur des cas, il est perçu comme un vœu pieux qui ne résiste pas à la comparaison des inégalités flagrantes qui frappent les Etats dans les domaines économiques, politiques, militaires ou autre. Dans le pire, le sourire moqueur de ses détracteurs rappellera que, si tant est qu'un tel principe existe, alors il faut constater que certains Etats sont plus égaux que d'autres. Les plus modérés parmi ces derniers invoqueront pour le moins l'existence indéniable dans le monde d'aujourd'hui d'un *primus inter pares* ».[47] Il semble à notre avis que, cette approche controversée de la souveraineté dépeint pertinemment une triste réalité de la société internationale : l'inégalité a toujours cohabité avec la souveraineté étatique.

Cependant, malgré ces considérations négatives, et le discours moqueur de ses détracteurs, l'égalité souveraine est parvenue à imposer dans les relations interétatiques, le respect de la souveraineté,

---

[46] Voir Marcelo KOHEN., *Commentaire de l'article 2 paragraphe 1 de la charte des Nations Unies, In* Alain PELLER et al., *La charte des Nations unies : commentaire article par article*, Economica, 3ème édition, Volume 1, p.400.
[47] *Ibid,p 399.*

l'intégrité territoriale et l'indépendance politique de chaque Etat. Dès lors, en application de ce principe prétorien, les Etats se doivent mutuellement respect et devraient s'abstenir d'intervenir dans les affaires internes des uns et des autres.

Ainsi, la non-ingérence dans les affaires intérieures est le corolaire de l'égalité souveraine. En effet, conformément à l'article 2 paragraphe7 de la Charte des Nations Unies :

« *Aucune disposition de la présente Charte n'autorise les Nations Unies à intervenir dans les affaires qui relèvent essentiellement de la compétence d'un Etat ni n'oblige les Etats membres à soumettre des affaires de ce genre à une procédure aux termes de la présente Charte ; toutefois, ce principe ne porte en rien atteinte à l'application des mesures de coercition prévues au chapitre VII*[48]. »

Cela signifie que l'Organisation et ses Membres ne devront, sous aucun prétexte, intervenir dans les affaires intérieures des autres Etats. Ainsi, cette disposition semble imposer à l'Organisation et ses Membre, l'obligation de ne guère s'immiscer dans les affaires intérieures d'un Etat. Même si l'article 2 par.7 ne précise ni le contenu, ni les contours des affaires intérieures de l'Etat, la pratique internationale a démontré que celles-ci concernent les domaines de compétence nationale

[48] Voir : art. 2 § 7 de CNU : *« Aucune disposition de la présente charte n'autorise les Nations Unies à intervenir dans des affaires qui relèvent essentiellement de la compétence nationale d'un Etat ni n'oblige les Membres à soumettre les affaires de ce genre à une procédure de règlement aux termes de la présente charte ; toutefois ce principe ne porte en rien atteinte à l'application des mesures de coercition prévues au chapitre VII. »*

de l'Etat. C'est-à-dire, toutes les questions qui touchent à son indépendance, son organisation politique et judiciaire, et à la gestion interne de son territoire.

Toutefois, faut-il souligner que le champ d'application du principe de non-ingérence a longtemps suscité des débats entre les Etats dès l'entrée en vigueur de la Charte. Hans KELSEN indiquait déjà dans son ouvrage " *le droit des Nations Unies* " que « le devoir des Etats de ne pas intervenir dans les affaires intérieures des autres Etats, n'est pas expressément stipulé par la charte, mais découle implicitement de l'obligation posée par le paragraphe 4 de l'article 2 relatif au non-recours à la force dans les relations internationales ».[49]

Ce point de vue avait été adopté par le représentant de l'Ukraine en 1946 lors d'une réunion du Conseil de sécurité. Faisant allusion à la présence des troupes britanniques en Grèce, il fit observer que « l'article 2 paragraphe 7 de la charte n'accorde pas aux Etats le droit d'intervenir dans les affaires intérieures d'un autre pays, mais s'il en est ainsi, cet article et ce paragraphe visent aussi les autorités anglaises qui en ont violé les dispositions ».[50]

En réponse à cette accusation, le représentant du Royaume-Uni fit remarque que, « la disposition en cause interdit aux Nations Unies en tant qu'organisme constitué, d'intervenir dans les affaires intérieures de

---

[49] Hans KELSEN., *The law and practice of the United Nations,* Stevens, Londres, 1951, P770.
[50] Alain PELLET et al., *La charte des Nations Unies, commentaire article par article,* 3ème édition, volume 1, Economica, p.490-491.

ses Etats membres ».[51] Cette dernière position avait été suivie par la République Dominicaine et les Etats-Unis, qui considérèrent que les dispositions de ce paragraphe apportaient seulement des limitations à l'autorité de l'Organisation.[52]

Ainsi, les dispositions de l'article 2 paragraphes1 et 7 de la Charte ont longtemps servi de moyen de justification de la neutralité de l'Organisation, et sa non-intervention dans les processus de démocratisation des Etats. Elle considérait que les questions liées à l'organisation politique interne de l'Etat relevèrent de la compétence exclusive de celui-ci. Par conséquent, toute intervention de l'Organisation dans ce domaine au nom de la démocratie, des droits de l'homme et de la bonne gouvernance, pourrait-être qualifiée d'ingérence, et donc, une atteinte à la souveraineté étatique.

Cette position avait été confortée par une décision de la CIJ en 1986. En effet, dans la célèbre affaire opposant les Etats-Unis au Nicaragua (déjà citée), la Cour avait souligné que « les orientations politiques internes d'un État relèvent de la compétence exclusive de celui-ci pour autant (...) qu'elles ne violent pas le droit international. Chaque État possède le droit fondamental de choisir et de mettre en œuvre comme il l'entend son système politique, économique et social[53] ».

Cependant, à la fin des années 80, après la chute du mur de Berlin et l'aspiration des peuples à la

---

[51] *Ibid.*
[52] *Ibid.*
[53] V : *l'arrêt Nicaragua (déjà cité),* p.14.

démocratie, l'Organisation fit contrainte de changer sa position afin de répondre à la demande des peuples « opprimés » par des régimes autoritaires et dictatoriaux. Ce changement se traduit par la transition du critère d'effectivité de l'exercice du pouvoir (ou équivalence des régimes politiques) à celui de la légitimité démocratique (ou prépondérance de la démocratie pluraliste). La démocratie devint alors une priorité pour les Nations Unies. À partir de 1988 l'Assemblée Générale (AG) inséra dans son agenda un point sur le renforcement de l'efficacité du principe d'élections périodiques et honnêtes. Ce principe qui est une norme fondamental consacrée dans les traités de droits de l'Homme est invoqué comme fondement de l'ingérence démocratique de l'ONU.

B. L'exigence des élections périodiques et honnêtes comme fondement de l'ingérence démocratique

La politique de neutralité de l'ONU à l'égard de la démocratie a évolué après la chute du mur de Berlin. En effet, au début des années 90, l'Organisation prit conscience des enjeux de la démocratie pour l'Afrique et la nécessité de promouvoir les droits de l'homme et l'Etat de droit sur le vieux continent. Elle va alors investir le champ démocratique africain à travers des actions normatives et opérationnelles. Toutefois, pour justifier cette intervention dans un domaine qui touche à la souveraineté de ses Etats membres, l'Organisation va rechercher un fondement juridique à ses actions en faveur de la démocratie. La Charte des Nations Unies étant silencieuse à ce sujet, elle va s'appuyer sur la Déclaration Universelle des droits de l'homme et le Pacte international relatif aux droits civils et politiques pour justifier son incursion dans l'organisation politique interne de ses Etats membres.

Certes, la Charte des Nations Unies ne fait guère référence à la démocratie telle qu'elle apparait aujourd'hui dans la plupart des instruments internationaux relatifs à la protection des droits de l'homme, en revanche, les rédacteurs de cette Charte ont pris le soin de placer le peuple au centre de l'Organisation. Ainsi, en débutant le préambule par cette célèbre formulation, « *nous, peuples des Nations Unies* », ils entendraient faire de l'ONU, « l'Institution des peuples, par les peuples et pour les peuples ». Une telle approche donne déjà le ton et traduit l'aspiration démocratique de l'ONU.

De cette formule, découle également l'idée selon laquelle, l'Organisation n'est pas l'émanation de la volonté individuelle, mais le fruit de l'effort collectif, l'expression de la volonté du peuple, le peuple des Nations Unies représenté par les Etats. L'Organisation est ainsi assimilée à un « pouvoir politique » comme au niveau interne, où les gouvernants sont désignés par le peuple pour le représenter. La référence au « peuple » a été assurément privilégiée par les rédacteurs de la Charte dans l'optique de justifier l'universalité de l'Organisation et lui octroyer une légitimité tangible.

Outre le préambule de la Charte des Nations Unies, la déclaration universelle des droits de l'homme a servi de fondement juridique à l'ingérence démocratique de l'ONU. Selon les termes de la DUDH, l'expression de la volonté du peuple est le fondement de la légitimité du pouvoir politique. Cette volonté est exprimée à travers des élections périodiques et honnêtes.

La redécouverte de ce principe en 1990 va relancer le débat sur la démocratie à l'ONU. L'Organisation va inscrire dans son agenda la démocratisation des Etats, notamment des pays africains, avec la déclaration du Millénaire adoptée en septembre 2000. De cette déclaration découle la volonté de promouvoir le principe des élections périodiques et honnêtes :

« Nous n'épargnerons aucun effort pour promouvoir la démocratie et renforcer l'état de droit, ainsi que le respect de tous les droits de l'homme et libertés fondamentales reconnus sur le plan international, y compris le droit au développement. Partant, il a été décidé : de renforcer, dans tous les pays, les capacités nécessaires pour appliquer les principes et pratiques de la démocratie et du respect des droits de l'homme, y compris les droits des minorités. De travailler ensemble à l'adoption dans tous les pays de processus politiques plus égalitaires, qui permettent la participation effective de tous les citoyens à la vie politique. »[54]

Le principe des élections périodiques et honnêtes est énoncé à l'article 21 de la DUDH comme suit :

« 1. Toute personne a le droit de prendre part à la direction des affaires publiques de son pays, soit directement, soit

[54] Voir : La déclaration du Millénaire adoptée par l'ONU en septembre 2000 à New York, §24 ?25.Res.55/2, 8 septembre 200.

par l'intermédiaire des représentants librement choisis ; 2.Toute personne a droit à accéder, dans les conditions d'égales, aux fonctions publiques de son pays ; 3. La volonté du peuple est le fondement de l'autorité des pouvoirs publics ; cette volonté doit s'exprimer par des élections honnêtes qui doivent avoir lieu périodiquement, au suffrage universel égal et au vote secret ou suivant une procédure équivalente assurant la liberté du vote[55] ».

Aux termes des dispositions de l'article 21, trois éléments substantiels sont indispensables pour fonder la légitimité du pouvoir politique. D'abord, la participation des citoyens aux affaires publiques doit se faire de manière directe ou par l'intermédiaire de représentants librement choisis. À cet égard, la participation directe à la vie publique ou par l'intermédiaire des représentants librement choisis devient la norme à laquelle se rattache d'autres droits, tels que le droit de vote, la liberté d'opinion ou d'expression, le débat contradictoire, qui ne sont que des règles du jeu démocratique.

S'inscrivant dans la même logique, l'alinéa 3 insiste sur la participation des citoyens aux affaires publiques :

« *La volonté du peuple est le fondement de l'autorité des pouvoirs publics ; cette volonté doit s'exprimer par des élections honnêtes qui doivent avoir lieu périodiquement, au suffrage universel égal et au vote secret ou suivant une procédure équivalente assurant la liberté du vote*[56] ».

---

[55] Voir : la Déclaration universelle des droits de l'homme de 1948.
[56] Ibid.

Ici, la volonté du peuple est présentée de nouveau comme le fondement de la légitimité du pouvoir politique. Le pouvoir est l'émanation de la volonté souveraine du peuple. Ainsi, en évoquant la volonté du peuple, les rédacteurs de la DUDH approuvent l'acception originelle de la démocratie – celle qui place le peuple souverain au centre de la gestion du pouvoir politique.

Par ailleurs, le principe des élections périodiques et honnêtes est également consacré dans le Pacte international relatif aux droits civils et politiques (PIDCP) de 1966. Cet instrument fondamental est l'aboutissement du projet de création d'une charte des droits de l'homme au niveau universel, avec un organe de contrôle chargé de veiller à son application et à son respect par les Etats signataires. Ce document fondamental pour la protection des droits de l'homme à l'échelle universelle vient combler les carences de la DUDH, en raison de son caractère contraignant pour les Etats parties.

Au-delà des droits et libertés, le PIDCP consacre aussi le principe des élections périodiques et honnêtes comme la DUDH. A cet effet, l'article 25 de ce traité regroupe un ensemble de règles relatives aux élections démocratiques. Ainsi qu'il ressort des dispositions pertinentes de cet article :

« Tout citoyen a le droit et la possibilité, sans aucune des discriminations viséesà l'article 2 et sans restriction déraisonnables : a. De prendre part à la direction des affaires publiques, soit directement, soit par l'intermédiaire de représentants librement

choisis ; b. De voter et d'être élu, au cours d'élections périodiques, honnêtes, au suffrageuniversel et égal et au scrutin secret, assurant l'expression libre de la volontédes électeurs ; c. d'accéder, dans des conditions générales d'égalité aux fonctions publiquesde son pays[57] *»*.

Dès les premières lignes, l'article 25 promeut l'égalité des citoyens en droit : tous les citoyens ont le droit de participer à la gestion des affaires publiques « sans aucune discrimination ». Ainsi, le droit de voter et d'être élu, le droit d'accéder à la fonction publique et de participer aux affaires publiques de son pays, sont valables pour tous les citoyens quel que soit leur sexe, leur origine, leur religion ou leur appartenance ethnique et raciale.

L'autre élément pertinent de ce texte, a trait à l'invocation du « suffrage universel et égal » comme condition d'expression démocratique de la volonté du peuple. Cela signifie que les élections doivent être ouvertes à tous les citoyens de manière égale, sans considération de sexe, de race, d'ethnie ou de religion. Ce principe de non-discrimination et d'égalité est traduit par la formule : *« un citoyen une voix »*.

Le fondement juridique de l'ingérence démocratique étant établi en droit international, l'ONU va devenir apôtre de la légitimité démocratique, en invitant ses Etats membres à promouvoir les normes démocratiques dans leurs systèmes normatifs respectifs. En ce qui concerne l'Afrique, la vague de réforme

---

[57] Voir : le Pacte international des droits civils et politiques de 1966.

constitutionnelle qui a frappé le continent au début des années 90 témoigne vraisemblablement de la bonne réception du message par les Etats africains. Certains pays comme la Côte d'Ivoire, le Bénin, le Sénégal et le Togo ont opéré des réformes constitutionnelles pour introduire dans la constitution des clauses relatives à la démocratie, aux droits de l'homme et à la bonne gouvernance, et ce, afin d'honorer leurs engagements internationaux et se conformer aux règles du droit international.

Ainsi, dans le cadre du conflit armé en Côte d'Ivoire, le Conseil de sécurité de l'ONU dans sa résolution 1528 /2004 du 27 février 2004, portant création d'une opération de maintien de la paix (OMP) en Côte d'Ivoire (ONUCI) avait invité les autorités ivoiriennes à s'inscrire dans le processus de réconciliation et à œuvrer pour la tenue d'élections libres, transparentes et honnêtes. Soulignant qu'il importe de mettre en œuvre intégralement et sans condition les mesures prévues par *l'Accord de Linas-Marcoussis,* le Conseil de sécurité avait exigé des parties, qu'elles s'acquittent des obligations qui leur incombent en vertu de cet accord, de sorte que, notamment, les élections présidentielles prévues puissent se dérouler en 2005, conformément aux échéances prévues par la Constitution.[58]

Au surplus, le Conseil avait demandé à l'ONUCI, avec le concours de la CEDEAO et d'autres partenaires internationaux, d'offrir au gouvernement

[58] Voir : Conseil de sécurité de l'ONU, *Résolution 1528/2004* du 27 fev.2004,§10.

de réconciliation nationale un encadrement, des orientations et une assistance technique en vue de préparer et faciliter la tenue des élections libres, honnêtes et transparentes dans le cadre de la mise en œuvre de *l'Accord de Linas-Marcoussis*. Le Conseil avait exigé en particulier, leur participation à l'organisation de l'élection présidentielle ; leur contribution à la promotion et à la défense des droits de l'homme en Côte d'Ivoire – tout en prêtant une attention particulière aux actes de violence commis contre les femmes et les filles. Enfin, le Conseil a demandé aux partenaires internationaux d'aider à enquêter sur les violations des droits de l'homme pour mettre fin à l'impunité.[59]

De ce qui précède, peut-on observer à travers les opérations de maintien de la paix, l'émergence d'une nouvelle forme de vulgarisation de la démocratie. L'opérationnalité de cette nouvelle forme a permis à l'organisation des Nations unies, au-delà du cadre normatif, d'intervenir dans le processus de démocratisation africain, à travers des actions opérationnelles, et partant, a permis de concilier l'exigence démocratique avec la nécessité de promouvoir les droits humains en Afrique (*paragraphe 2)*.

---

[59] *Ibid. § 6 (m,n)*.

Paragraphe 2 : Les actions opérationnelles de l'ONU en faveur de la démocratie et des droits de l'homme en Afrique

Dans le but de promouvoir la démocratie et les droits de l'homme sur le continent africain, l'ONU va intégrer la « légitimité démocratique » et la protection des droits humains dans les compétences des opérations de maintien de la paix du Conseil de sécurité (A). En outre l'Organisation va confier à l'Assemblée Générale, une mission de contrôle des processus électoraux et de l'effectivité des droits fondamentaux des participants à ces processus (B).

A. Le conseil de sécurité et la vulgarisation de la démocratie à travers la recherche de la paix en Afrique

L'action du Conseil de sécurité des Nations Unies en faveur de la démocratie en Afrique s'inscrit dans la continuité de la promotion du principe d'élections périodiques et honnêtes. À travers ce principe, l'organe principal de l'ONU entend influencer le choix politique des Etats africains, en leur proposant d'adopter la démocratie comme modèle de gouvernance, de veiller au respect des droits de l'homme et enfin, d'appliquer les principes substantiels de la bonne gouvernance.

En effet, depuis la fin des années 80, marquée par l'essor des conflits armés non internationaux, l'ONU a fait de « la paix démocratique » un objectif des opérations de maintien de la paix. Le secrétaire général des Nations Unies B. Boutros-Ghali affirmait à cet effet, en 1992 que, « depuis plusieurs années l'impératif démocratique s'affirme dans les relations internationales. Il s'est déjà infiltré dans les textes relatifs à la protection des droits de l'homme. Désormais, l'exigence démocratique investit le domaine de maintien de la paix en assignant aux opérations des Nations Unies une double mission : la réconciliation nationale et la consolidation démocratique »[60].

Ainsi, au-delà des missions classiques de consolidation et d'imposition de la paix, les OMP se voient désormais confier une nouvelle mission : consolider la paix et la démocratie après la fin de la guerre.

Cette évolution de la mission des OMP répond assurément à un impératif de concilier la recherche de la paix avec l'exigence démocratique. La démocratie devient alors le cadre idéal pour pérenniser la paix, consolider le développement durable et garantir les droits de l'homme après le départ de la mission des Nations-Unies. Cette évolution fut accueillie favorablement par l'ancien secrétaire général Kofi Annan qui en a vanté les atouts.

---

[60] Le chapitre se conclut par un appel à l'intervention de l'ONU dans le domaine de la transformation des structures politiques et administratives nationales, du renforcement de leurs capacités et de la mise en place de nouvelles institutions démocratiques. Cette intervention est justifiée par le « rapport évident » que voit M. Boutros-Ghali entre les pratiques démocratiques et l'instauration d'une paix et d'une sécurité véritables dans un ordre politique nouveau et stable » On ne peut que saluer cet appel et relever qu'il témoigne d'un certain courage du Secrétaire général face à ceux des États membres de l'Organisation dont les dirigeants ne partagent manifestement pas ses convictions sur ce point. Sur ce point, voir : Christian SCHRICKS., « Agenda de la paix du secrétaire général B. Boutros-Ghali : analyses et premières réactions », *Annuaire Français de Droit International*, volume 38, 1992, p.19.

Dans son rapport sur les causes des conflits et la promotion d'une paix et d'un développement durable en Afrique, il écrivait à cet effet : « une société qui sort d'un conflit a des besoins particuliers. Pour éviter que les hostilités n'éclatent à nouveau tout en posant les bases d'un développement robuste, elle devra s'attaquer en priorité aux impératifs que sont la réconciliation, le respect des droits de l'homme, la représentativité du régime politique et l'unité nationale, le rapatriement et la réinstallation rapide, sûre et bien ordonnée des réfugiés et des personnes déplacées, la réinsertion des ex-combattants, notamment, dans une société productive, la résorption de la masse des armes à petit calibre en circulation et la mobilisation des ressources intérieurs et internationales pour la reconstruction et la reprise économique ». [61]La paix démocratique, selon le secrétaire général, est la priorité pour une société qui sort d'un conflit armé, car permet-elle d'assurer le développement durable et le respect des droits de l'homme.

Au gré de cette évolution, à partir des années 90, l'Organisation va intégrer des objectifs démocratiques dans les missions de maintien de la paix. C'est ainsi qu'en 1992, dans la résolution 797 du 16 décembre 1992, relative à la situation au Mozambique, le Conseil de sécurité assigna à l'Opération des Nations Unies au Mozambique (ONUMOZ), une mission d'assistance

[61] Koffi ANNAN, Secrétaire général des Nations Unies, Rapport du secrétaire général sur les activités de l'organisation en 1990, p.8.

technique, de surveillance et de vérification du processus électoral[62].

De même, dans la résolution 814 de 1993, relative à la situation en Somalie, le CSNU confia à l'opération des Nations unies en Somalie (ONUSOM II) une mission d'établissement de la démocratie en insistant sur la, *« nécessité de consultation et de délibération à caractère largement représentatif pour parvenir à la réconciliation, à un accord sur la mise en place d'institutions gouvernementales de transition ainsi qu'à un consensus sur les principes de base et les mesures propres à favoriser l'établissement d'institutions démocratiques représentatives »*[63].

Dans ces deux résolutions, peut-on remarquer que le Conseil de sécurité met l'accent sur le principe d'élections périodiques et honnêtes, comme condition de mise en œuvre du règlement politique des conflits. De ce fait, il attire l'attention de la communauté internationale sur la fondamentalité des élections dans la consolidation de la paix et la construction d'une société démocratique.

Par ailleurs, le principe d'élections périodiques et honnêtes apparait également dans la résolution 2531 du Conseil de sécurité relative à la situation au Mali. Dans la section consacrée à la mise en œuvre de l'accord pour la réconciliation et la paix au Mali, le Conseil exhorte les autorités maliennes :

---

[62] Cf : *Résolution 797* adoptée par le conseil de sécurité des Nations Unies, le 16 décembre 1992.

[63] *Résolution 814* adoptée par le conseil de sécurité des Nations Unies à sa 3188ème séance, le 26 mars 1993, §17

« À prendre immédiatement des dispositions concrètes, dans un véritable esprit de coopération, pour appliquer les mesures prioritaires ci-après, avant la fin du mandat actuel de la MINUSMA : I. régler les questions en suspens concernant l'élection des assemblées régionales, des conseils de cercle et des conseils de commune au suffrage universel direct ; II. Créer une deuxième chambre parlementaire ; III. Fixer un calendrier pour le transfert des services décentralisés de l'État et de 30 % des recettes de l'État aux collectivités territoriales dans leurs domaines de compétence et mener ce transfert à bien ; V. mettre pleinement en place les circonscriptions électorales nouvellement créées, y compris Ménaka et Taoudenni en tant que régions, ainsi que les cercles et communes proposés, et organiser des élections législatives dans ces zones ».[64]

Outre l'exigence d'élections périodiques et honnêtes, le Conseil de sécurité a intégré également dans les missions de maintien de la paix les questions relatives aux droits de l'homme et à l'état de droit. À cet égard, le Conseil a pu indiquer dans la plupart de ses résolutions adoptées ces dernières années que, la « nécessité démocratique » doit être conciliée avec l'exigence des droits de l'homme et de l'Etat de droit. [65]

C'est dans ce cadre qu'ayant pris note de la stratégie de stabilisation du centre du Mali établie par les autorités maliennes, ainsi que d'autres initiatives visant à remédier à la situation au centre du pays, le conseil

---

[64] *Résolution 2531* adoptée par le conseil de sécurité des Nations Unies le 29 juin 2020.
[65] *Ibid.*

de sécurité a exigé des autorités maliennes et des parties prenantes concernées, qu'elles appliquent cette stratégie en cherchant à avancer simultanément dans les domaines de la sécurité, de la gouvernance, du développement, de la réconciliation, de la responsabilité, ainsi que de la protection et la promotion des droits humains. [66]

De même, préoccupé par la situation de violence en République Centrafricaine, notamment par des cas de violation massive du droit international humanitaire et des droits de l'homme, le Conseil adopta une résolution le 28 janvier 2014, dans laquelle il confia au Bureau international des Nations Unies pour la Centrafrique (BINUCA) les missions suivantes :

« Constater les violations du droit international humanitaire et les atteintes et violations des droits de l'homme commises sur l'ensemble du territoire centrafricain, y compris celles qui seraient le fait de l'armée de résistance du Seigneur, concourir aux enquêtes et faire rapport au Conseil, et aider à en identifier les auteurs et à empêcher la commission de ces violations et d'atteintes; constater en particulier les atteintes et violations sur la personne d'enfants et de femmes, y compris toutes les formes de violence sexuelle commises en période de conflit armé, concourir aux enquêtes et faire rapport au Conseil, notamment en déployant des conseillers pour la protection des enfants et des femmes. »[67]

---

[66] *Ibid.*

[67] Cf. *Résolution 2134* adoptée par le conseil de sécurité des Nations Unies à sa 7103ème séance, le 14 janvier 2014.

Le recours à la démocratie, à l'état de droit et aux droits de l'homme dans les missions de maintien de la paix, confirme fort bien l'attachement du Conseil de sécurité à ces questions, d'où leur importance dans la mission d'établissement d'une paix démocratique.

B. L'assistance électorale : un moyen de contrôle des processus électoraux et du respect des droits fondamentaux des participants

L'action de l'organisation des Nations Unies en faveur de la démocratie dans le monde et en Afrique ne se limite pas à l'élaboration de normes. Le principe d'élections périodiques et honnêtes exige en outre, l'implication de l'Organisation dans les processus électoraux.

Ces dernières années, l'ONU a multiplié des missions d'aides à la démocratie dans plusieurs pays, notamment en Centre-Afrique, en Afrique du Sud, en République Démocratique du Congo (RDC), en Côte d'Ivoire, au Benin.

L'assistance électorale vise à renforcer le processus électoral d'un point de vue légal, matériel et logistique, mais permet-elle aussi, d'assurer la légitimité des élections en facilitant la participation des différents acteurs politiques. En sus, permet-elle à l'ONU de contrôler le respect des droits fondamentaux des citoyens qui prennent part aux votes, et d'assurer leur participation effective à l'ensemble du processus.

Par ailleurs, l'assistance électorale a une portée universelle, et marque un revirement de l'organisation mondiale. De plus, l'ONU a une force morale et nul ne conteste son impartialité. Toutefois, pour assurer l'effectivité des processus électoraux et des droits des participants aux votes, l'ONU établit des liens avec des organisations non gouvernementales, intergouvernementales et gouvernementales qui accompagnent déjà des Etats dans leur marche vers la démocratie.[68]

Par ailleurs, faut-il préciser que l'assistance électorale accordée par l'ONU requiert obligatoirement le consentement des Etats, et ce, dans le strict respect de leur souveraineté. L'Organisation ne peut guère accorder une assistance électorale à un Etat sans son consentement. Il s'agit pour l'ONU d'être en conformité avec l'article 2, paragraphe1 de la CNU, qui prône l'égalité souveraine des Etats membres.

C'est d'ailleurs pour cette raison qu'une assistance ne devrait pas être imposée à un Etat, elle devrait être neutre, car par définition, assister quelqu'un c'est l'aider à faire quelque chose qu'il a lui-même choisie. Cela signifie également que l'assistance électorale ne devrait en aucun cas influencer ni le choix des Etats en matière électorale, ni le résultat des urnes. Cette neutralité de l'assistance est parfaitement compatible avec la souveraineté des États – et avec le caractère consensuel du droit international. [69]

---

[68] Salwa HAMROUNI., *op.cit.*

[69] Ibid.

Sur le plan institutionnel, l'assistance électorale est décidée par les organes principaux de l'ONU que sont le Conseil de sécurité, l'Assemblé Générale et le Secrétariat général. Ces organes interviennent régulièrement dans l'observation, la vérification et surtout l'organisation des élections en Afrique. Le Conseil de Sécurité intervient systématiquement quand l'opération électorale s'insère dans le cadre d'une opération de maintien de la paix comme nous l'avions mentionné plus haut. Le Secrétaire Général quant à lui, joue un rôle fondamental dans la conduite des opérations d'assistance électorale. Il propose généralement la création des missions de l'ONU pour l'assistance électorale, désigne son représentant dans les pays bénéficiaires de cette assistance et informe l'Assemblée Générale et le Conseil de Sécurité sur les résultats de l'assistance dans un rapport qu'il leur présente au terme des opérations.

L'assistance électorale comporte plusieurs catégories relevées par le Secrétariat général, à savoir : l'assistance technique, l'organisation et la tenue d'élections, l'observation et la vérification des élections. L'assistance technique[70] est considérée comme l'une des

[70] Ce qui mérite d'être noté, c'est qu'en pareil cas, l'assistance technique ne fait pas intervenir un pouvoir discrétionnaire de l'ONU. En effet, on peut même dire que l'Organisation des Nations Unies se limite à exécuter les choix des États qui ont fait appel à son appui. Ce qui fait que L '0 NU maintient un profil politique relativement plus bas que lors des missions de vérification tout en assurant un soutien efficace à ce processus politique important. C'est précisément ce profil bas qui nous pousse à parler de la neutralité de l'action de l'ONU en matière d'assistance technique. » Zied AYARI., *Op cit*

opérations les moins complexes et surtout efficaces de l'ONU en matière d'aide à la démocratisation.

Concrètement, elle consiste à apporter aux Etats une aide matérielle ou financière dans divers domaines. Il peut s'agir d'une aide à l'organisation des élections, à la formation et l'encadrement d'un personnel capable de mener à bien l'opération électorale. Elle concerne également l'éducation civique, l'information électorale et la fourniture du matériel de vote telles que les urnes.

S'agissant de l'aide financière, elle est fournie principalement dans le cadre du programme des Nations Unies pour le développement (PNUD). Créée à l'origine pour accorder des aides au développement économique et social aux États nécessiteux, le PNUD est devenu aujourd'hui l'instrument essentiel des Nations Unies en matière d'assistance électorale ; et c'est à juste titre que Monsieur Boutros-Ghali, secrétaire général des Nations Unies, a relevé dans son rapport sur les activités de l'Organisation en 1993 que, « l'aide du PNUD est de plus en plus sollicitée lorsqu'il s'agit de tenir des élections, d'engager le processus de démocratisation et de garantir la protection juridique et les droits de l'Homme »[71].

Cependant, l'engagement de l'ONU aux côtés des Etats africains dans leur marche vers la démocratie ne se limite pas à l'assistance technique, l'Organisation universelle intervient également dans les processus électoraux nationaux à travers des missions

[71] Salwa HAMROUNI., *op.cit.*

d'observation et de vérification des élections. Pour certains États tels que le Congo ou le Liberia, les missions ont concerné la vérification des élections présidentielles, législatives et locales ; dans d'autres pays tels que le Mozambique et l'Angola, il s'agissait des missions d'observation des élections présidentielles et législatives. Dans le cas de la Côte d'Ivoire, le processus de sortie de crise conduit par l'ONU en novembre 2010 a abouti à des élections contrôlées, vérifiées et observées par les représentants de l'Organisation.

En outre, en ce qui concerne le processus de paix au Mozambique, la résolution 797 du 16 décembre 1992 du Conseil de sécurité portant sur la création d'une opération des Nations Unies dans le Pays, énumérait toute une liste de fonction confiée aux personnels de la mission en ces termes :

« *La vérification de l'impartialité de la Commission électorale nationale ; vérifier que les partis politiques jouissent d'une entière liberté d'organisation et d'expression ; vérifier que ces partis bénéficient d'un égal accès aux médias ; vérifier la régularité des inscriptions sur les listes électorales ; informer les autorités locales des plaintes concernant les irrégularités afin de les corriger ; observer les activités relatives au processus électoral à savoir l'inscription sur les listes électorales, organisation du scrutin, campagne électorale, le scrutin en soi ainsi que le dépouillement des bulletins et la proclamation des résultats. Prendre part à la campagne d'information sur les élections. Etablir des rapports périodiques sur le déroulement du processus électoral qui seront communiqués au représentant spécial intérimaire du Secrétaire Général* »[72].

Ainsi, l'on peut constater que l'action de l'ONU dans ce pays touche tous les aspects du processus électoral. Ce qui démontre une fois de plus la détermination et la volonté de l'Organisation à accompagner le processus de démocratisation de ces Etats.

À partir de ces considérations, peut-on noter à juste titre que l'engagement de l'ONU dans la promotion de la légitimité démocratique en Afrique comporte un double enjeu : injecter les normes démocratiques dans l'ordonnancement juridique interne des Etats et veiller à l'application de ces normes à travers des actions opérationnelles. Ces dernières années, l'ONU s'est largement investie dans les processus électoraux à travers une assistance technique, un encadrement juridique et un accompagnement financier pour l'organisation des élections libres, transparentes et honnêtes.

Toutefois, faut-il souligner que malgré ces exploits, l'Organisation universelle par excellence n'est pas la seule institution internationale intervenant dans le processus de démocratisation des Etats africains et la promotion des droits de l'homme en Afrique. En effet, depuis les premiers accords de coopération économique ACP-UE (accords de Lomé I, II et III), l'Union Européenne a fait de la démocratie, des droits de l'homme et de la bonne gouvernance sur le continent africain les priorités de sa politique extérieure. Dans ce

[72] Voir : Conseil de sécurité des Nations Unies, *résolution 797* du 16 décembre 1992.

cadre, elle a consacré un plan d'action en faveur de la démocratie, de la bonne gouvernance et des droits de l'homme tant sur le plan politique que sur le plan juridique (section 2).

Section 2 : Le concours normatif de l'Union Européenne

La démocratisation des Etats africains a toujours fait partie des priorités de la politique extérieure de l'Union depuis la chute du mur de Berlin. Elle figure dans la plupart des instruments juridiques et politiques de coopération entre l'UE et les pays africains. Ainsi, l'UE intervient aussi bien sur le champ normatif que sur le plan matériel. Cependant, notre réflexion se passera des actions opérationnelles de l'Union pour n'étudier que ses contributions normatives.

Dès lors, il s'agira d'analyser la politique extérieure de l'Union européenne en faveur de la démocratie et des droits de l'homme en Afrique (paragraphe 1), tout en accordant une attention particulière à la politique de la conditionnalité démocratique et des droits de l'homme dans le cadre des accords de coopération économique ACP-UE (paragraphe 2).

Paragraphe 1 : La prise en compte de l'exigence démocratique et des droits de l'homme dans la politique extérieure de l'UE

L'action de l'UE en faveur de la démocratie figure en bonne position dans ses instruments de politique extérieure. Pour faire face au déficit démocratique dans les pays en voie de développement (PED), et aider certains pays africains dans leurs efforts de démocratisation, l'Union Européenne affirme le caractère fondamental de la démocratie et de la promotion des droits de l'homme (A) dans ses instruments politiques et juridiques au service de la politique extérieure (B).

A. Le caractère fondamental de la démocratie et des droits de l'homme dans la politique extérieure de l'Union

L'UE fait partie des rares organisations internationales à vocation régionale, qui ont fait de la démocratie, des droits de l'homme et de l'Etat de droit leurs priorités absolue. Elle accorde une place prépondérante à ces domaines dans sa coopération avec les pays africains. L'attachement de l'Union à ces valeurs substantielles découlent, en considération des faits sociaux et d'un contexte diachronique, de l'histoire de la construction européenne – une histoire construite autour des valeurs consubstantielles de la démocratie, des droits de l'homme et de l'état de droit qui encadrent désormais les actions de l'Union dans le monde.

La politique extérieure de l'UE peut être définie comme le système de relations extérieures européennes par lequel l'Union et ses Etats membres produisent et gèrent leurs relations avec le reste du monde. Elle fait interagir des politiques nationales, des politiques communautaires et des politiques intergouvernementales, allant de la politique européenne de sécurité et défense à la promotion des droits de l'homme, de la démocratie, et à l'exportation de normes sociales, les relations économiques et commerciales, qui transcendent de plus en plus la logique des piliers. Karl Smith qualifie cette politique extérieure de « processus d'institutionnalisation de la diplomatie collective européenne »[73]. En d'autres termes, c'est un instrument d'exportation des valeurs européennes dans le reste du monde.

Le Traité de Maastricht ou traité sur l'Union européenne (TUE) est l'instrument juridique principal définissant le cadre et les objectifs communs de l'action extérieure de l'Union. En ce sens, les dispositions de l'article 21 du TUE[74] consacrent les valeurs et principes

---

[73] Bastien IRONDELLE., « La politique étrangère européenne en débats », *Cairn*, n°17, 03/2005, p.7.

[74]Voir : l'article 1 du traité de l'UE : « « *1. L'action de l'Union sur la scène internationale repose sur les principes qui ont présidé à sa création, à son développement et à son élargissement et qu'elle vise à promouvoir dans le reste du monde : la démocratie, l'État de droit, l'universalité et l'indivisibilité des droits de l'homme et des libertés fondamentales, le respect de la dignité humaine, les principes d'égalité et de solidarité et le respect des principes de la charte des Nations unies et du droit international. L'Union s'efforce de développer des relations et de construire des partenariats avec les pays tiers et avec les organisations internationales, régionales ou mondiales qui partagent les principes visés au premier alinéa. Elle favorise des solutions multilatérales aux problèmes communs, en particulier dans le cadre des Nations unies. 2. L'Union définit et mène des politiques communes et*

européens suivants dans la politique extérieure de l'UE : la démocratie, l'État de droit, l'universalité et l'indivisibilité des droits de l'homme et des libertés fondamentales, le respect de la dignité humaine, les principes d'égalité et de solidarité et le respect des principes de la Charte des Nations unies et du droit international. Les valeurs que l'Union va intégrer dans sa politique d'aide au développement, à travers des clauses de conditionnalité axées sur la démocratie, la bonne gouvernance et le respect des droits de l'homme.

Ainsi, la politique extérieure de l'Union dans le domaine de la coopération internationale est guidée

---

des actions et œuvre pour assurer un haut degré de coopération dans tous les domaines des relations internationales afin : a) de sauvegarder ses valeurs, ses intérêts fondamentaux, sa sécurité, son indépendance et son intégrité ; b) de consolider et de soutenir la démocratie, l'État de droit, les droits de l'homme et les principes du droit international ; c) de préserver la paix, de prévenir les conflits et de renforcer la sécurité internationale, conformément aux buts et aux principes de la charte des Nations unies, ainsi qu'aux principes de l'acte final d'Helsinki et aux objectifs de la charte de Paris, y compris ceux relatifs aux frontières extérieures; d) de soutenir le développement durable sur le plan économique, social et environnemental des pays en développement dans le but essentiel d'éradiquer la pauvreté; e) d'encourager l'intégration de tous les pays dans l'économie mondiale, y compris par la suppression progressive des obstacles au commerce international; f) de contribuer à l'élaboration de mesures internationales pour préserver et améliorer la qualité de l'environnement et la gestion durable des ressources naturelles mondiales, afin d'assurer un développement durable; g) d'aider les populations, les pays et les régions confrontés à des catastrophes naturelles ou d'origine humaine; et h) de promouvoir un système international fondé sur une coopération multilatérale renforcée et une bonne gouvernance mondiale. 3. L'Union respecte les principes et poursuit les objectifs visés aux paragraphes 1 et 2 dans l'élaboration et la mise en œuvre de son action extérieure dans les différents domaines couverts par le présent titre et par la cinquième partie du traité sur le fonctionnement de l'Union européenne, ainsi que de ses autres politiques dans leurs aspects extérieurs. L'Union veille à la cohérence entre les différents domaines de son action extérieure et entre ceux-ci et ses autres politiques. Le Conseil et la Commission, assistés par le haut représentant de l'Union pour les affaires étrangères et la politique de sécurité, assurent cette cohérence et coopèrent à cet effet. »

par des principes et objectifs. Le but principal est de réduire et d'éradiquer la pauvreté, promouvoir les droits de l'homme, l'Etat de droit et la bonne gouvernance dans les pays bénéficiaires des aides de l'UE.

Ces différents principes et valeurs de l'Union ont été également repris par l'article 3 par.3 du traité sur le fonctionnement de l'Union européenne (TFUE). En vertu des dispositions prégnantes de cet article :

« 1. L'Union a pour but de promouvoir la paix, ses valeurs et le bien-être de ses peuples. 2. Dans ses relations avec le reste du monde, l'Union affirme et promeut ses valeurs et ses intérêts et contribue à la protection de ses citoyens. Elle contribue à la paix, à la sécurité, au développement durable de la planète, à la solidarité et au respect mutuel entre les peuples, au commerce libre et équitable, à l'élimination de la pauvreté et à la protection des droits de l'homme, en particulier ceux de l'enfant, ainsi qu'au strict respect et au développement du droit international, notamment au respect des principes de la charte des Nations unies[75] ».

Même si ces dispositions ne mentionnent pas expressément les notions de démocratie et de l'Etat de droit, elles font tout de même référence aux valeurs de l'Union qui concernent aussi l'ensemble des principes évoqués plus haut, à savoir : la démocratie, l'Etat de droit, les droits de l'homme, l'universalité. Ainsi, l'on peut observer une large affirmation de la démocratie, mieux du principe de la légitimité démocratique et des droits de l'homme dans les différents traités de l'UE.

---

[75] Voir : *Le traité sur le fonctionnement de l'Union Européenne (TFUE), version consolidée, document pdf disponible sur le site officiel de l'UE.*

Cependant, faut-il souligner que la politique extérieure de l'Union Européenne en faveur de la démocratie, des droits de l'homme et de la bonne gouvernance repose fondamentalement sur plusieurs instruments nécessaires à sa mise en œuvre.

B. Les instruments de l'Union au service de l'exigence démocratique et des droits de l'homme en Afrique

Plusieurs instruments juridiques et politiques encadrent la politique extérieure de l'Union, et contribuent à la promotion des valeurs démocratiques et des droits de l'homme dans les relations extérieures de l'Union Européenne avec les pays africains.

D'abord, faudrait rappeler que le traité sur l'Union européenne est l'instrument juridique principal qui régit la politique extérieure de l'UE. Il définit les principes et objectifs de cette politique étrangère dans son article 21 paragraphe1. Ces principes et objectifs sont régulièrement affirmés par le Parlement Européen, notamment dans sa résolution sur le renforcement de la démocratie dans les relations extérieures de l'UE, adoptée le 22 octobre 2009. Dans ce texte, le Parlement rappelle le caractère fondamental et universel de la démocratie et des droits humains dans la politique de l'Union en ces termes :

« Si la forme de régimes démocratiques peut varier, comme c'est le cas dans l'Union, la démocratie est une valeur universelle dont les principes et éléments fondamentaux

comprennent notamment, le respect des droits de l'homme et des libertés fondamentales ; le droit de participer à la conduite des affaires publiques, de voter et d'être élu au cours d'élections périodiques, réellement libres ; un système pluraliste de partis et d'organisations politiques ; le respect de l'État de droit ; la séparation des pouvoirs et l'indépendance de la justice… »[76]

La résolution souligne également que *« la démocratie ne peut être exportée ou importée de l'extérieur »*[77]. Cela signifie que le soutien de l'UE à la démocratie vise à renforcer les capacités des gouvernements, des parlementaires et des autres institutions de l'État, des acteurs politiques, des organisations de la société civile et d'autres acteurs concernés.[78]

Outre les instruments juridiques, l'Union a fait émerger dans sa politique extérieure des instruments politiques en vue de promouvoir et renforcer la démocratie dans les pays non-membres de l'UE. Ainsi, dans

---

[76] Zied AYARI., *L'émergence démocratique en droit internationale*, Mémoire, université Jean Moulin-Lyon3, 2012.

[77] « Les Conclusions du Conseil européen sur le soutien à la démocratie dans le cadre des relations extérieures de l'UE : vers une cohérence et une efficacité accrue, adoptées en décembre 2009, consistent en un programme d'action de l'UE pour le soutien à la démocratie afin de renforcer la cohérence et l'efficacité des interventions dans ce domaine. Le Conseil y affirme que la démocratie ne peut être imposée de l'extérieur et que l'UE reste attachée au principe d'appropriation par les pays partenaires des stratégies et programmes de développement ». Voir à ce propos Zied AYARI *(idem)*.

[78] « Dans la mise en œuvre des actions de soutien à la démocratie, le Conseil prône l'adoption d'une approche plus large et plus cohérente parce que « les processus de renforcement de la démocratie revêtent un caractère pluridimensionnel, sont complexes et s'inscrivent dans le long terme ». Il insiste sur la nécessité de renforcer la cohérence, la complémentarité et la coordination de l'ensemble des actions menées, non seulement au niveau des différents acteurs, mais aussi des instruments thématiques et géographiques… » Voir Zied AYARI *(idem)*.

le cadre du programme d'aide au développement, l'UE va exiger des pays africains le respect des normes démocratiques, de l'état de droit et des droits de l'homme, comme conditions d'obtention des aides de l'Union.

À cet effet, l'instrument européen pour la démocratie et les droits de l'homme (IEDDH) a longtemps servi d'instrument principal de la politique de conditionnalité de l'Union. Lancé en 2006 afin de soutenir la promotion de la démocratie et des droits de l'homme dans les pays non-membres de l'UE, il a permis à l'UE d'accorder des aides spécifiques aux pays tiers, ainsi qu'aux acteurs de la société civile et aux organisations internationales ou régionales, qui vulgarisent au quotidien la démocratie et les droits de l'homme[79] dans les Etats africains. Aussi, il a permis de renforcer le respect de l'état de droit et des libertés fondamentales ; de contrôler la fiabilité et la transparence des élections démocratiques à travers des missions d'observation électorale. Cet instrument a été remplacé en 2020 par l'instrument de voisinage, de coopération au développement et de coopération internationale (IVCDCI).

En tant que nouvel instrument, l'IVCDCI soutient l'action extérieure de l'UE, grâce à un budget

---

[79]« Contrairement à l'Accord de Cotonou qui est un programme géographique, l'IEDDH est un programme thématique dont la spécificité réside dans son autonomie. Il peut octroyer des aides en dehors des négociations bilatérales prévues par Cotonou, c'est-à-dire sans le consentement des gouvernements des pays tiers. Tous les acteurs intervenant dans son domaine peuvent bénéficier de ses appuis, notamment les organisations de la société civile ; les organisations sans but lucratif du secteur public et privé ; les organisations régionales et internationales. » Voir Zied AYARI (idem).

global de 79,5 milliards d'euros en prix courants pour la période 2021-2027 dans les pays du voisinage de l'UE, l'Afrique, l'Asie, les Amériques, le Pacifique et les Caraïbes. C'est la première fois qu'un instrument unique rassemble la majorité des différents flux de financements de la coopération extérieure de l'Union européenne, avec leurs missions (y compris ceux de *L'EFSD : The European Fund for Sustainable Development*).

Il englobe différents sujets qu'il sera chargé de promouvoir, tels que le développement durable, les droits de l'homme, la démocratie et la société civile. Ces financements serviront à faire face aux défis mondiaux tels que la migration, la paix et la stabilité, ainsi que la coopération avec des partenaires stratégiques et la promotion des initiatives de l'UE en matière de politique étrangère.[80]

Ce nouveau cadre d'investissement fonctionne de la même manière que l'EFSD actuel. C'est-à-dire que les institutions financières européennes et internationales agréées présentent des demandes de programmes à la Commission, requérant une garantie financière pour leurs demandes de prêts et pour les fonds propres qui seront engagés, afin qu'elles puissent financer des projets qui, autrement, sont trop risqués pour elles. La Commission choisit les programmes qui

---

[80] Voir : CPCAF., « Nouvel instrument européen de voisinage, de coopération au développement et de coopération internationale (IVCDCI) » : https://cpccaf.org/XCMD.RE9fU2hPQko8MjU+MDAwMDAtMC0wMzAtMDAwMDAwMDA0OTQyOA.

offrent le meilleur impact en termes de développement et contribuent le plus aux objectifs politiques de l'UE[81].

L'engagement de l'Union dans la promotion de la démocratie et de la bonne gouvernance en Afrique est également consacré dans le consensus européen sur le développement, adopté en février 2006[82]. Ce document d'une importance particulière (il a été négocié avec chaque capitale européenne avant son adoption) réaffirme les valeurs communes que l'UE doit promouvoir dans le cadre de ses partenariats avec les pays tiers : ce sont les valeurs des droits humains, de la paix, de la démocratie, de la bonne gouvernance, de l'État de droit, de la solidarité et de la justice. Le consensus souligne « *qu'il est fondamental de progresser en matière de protection des droits de l'homme, de bonne gouvernance et de démocratisation pour réduire la pauvreté et enclencher un processus de développement durable* »[83].

Cette vision s'inscrit également dans l'approche adoptée par le Président français François Mitterrand en 1990 dans le discours de la Baule, lorsqu'il invitait

---

[81] CPCAF., *Supra.note.75.*

[82] Le Consensus européen sur le développement (CED), adopté en 2006, constitue le socle commun des politiques et des actions de développement de l'UE. Le CED a été adopté en mars 2005 dans le but d'éradiquer la pauvreté et de promouvoir le développement durable. Le dialogue politique approfondi a été retenu comme élément essentiel de promotion de la bonne gouvernance, du respect des droits de l'homme et de l'État de droit, de lutte contre la corruption, de diffusion des principes démocratiques. En outre, pour résoudre le problème des États fragiles, l'UE a promis de s'impliquer dans le renforcement des institutions et de favoriser l'établissement des liens entre l'aide d'urgence, la réhabilitation et le développement à long terme. Voir Andrew CHERRY, Gérard RALPHS et al., *La coopération Afrique Europe en matière de recherche et d'innovation*, ird éditions, 2019, p.31.

[83]Andrew CHERRY, Gérard RALPHS et al., *Supra.note.77,* p.32.

les pays africains à adopter la démocratie comme modèle de gouvernance. Il en est de même pour le Royaume-Uni, qui a maintes fois invité ses partenaires africains à s'inscrire dans une démarche favorisant la promotion des principes démocratiques et des droits de l'homme.

À l'instar des Etats membres, l'Union européenne va multiplier les appels à la promotion de la démocratie et la bonne gouvernance lors des sommets avec l'Afrique. Par exemple, en décembre 2007 lors du 2ème sommet Afrique -UE tenu à Lisbonne, les deux partenaires ont adopté une stratégie conjointe *« Afrique-Union européenne »*, dans laquelle ils réaffirmaient leur attachement à la bonne gouvernance et aux valeurs universelles de la démocratie, de l'état de droit et des droits de l'homme[84].

Cependant, au-delà de ces instruments politiques et juridiques essentiels à la promotion de la démocratie, l'Union a développé une politique de conditionnalité démocratique et des droits de l'homme, afin

---

[84] « La Stratégie conjointe Afrique-Union européenne, adoptée à Lisbonne les 8 et 9 décembre 2007 à l'occasion du 2e sommet Afrique-UE, porte sur plusieurs thématiques parmi lesquelles la gouvernance démocratique et les droits de l'homme. Elle affirme que « le partenariat Afrique – UE en matière de gouvernance démocratique et des droits de l'homme permettra un dialogue global de continent à continent et une coopération sur des matières et des concepts tels que le renforcement des capacités locales, la protection des droits de l'homme et des libertés fondamentales pour tous, les principes démocratiques, l'État de droit et un accès équitable aux systèmes judiciaires, la gestion des ressources naturelles, la lutte contre la corruption et la fraude la gestion responsable des fonds publics, la création d'institutions et la réforme des institutions existantes, la gouvernance mondiale et la réforme du secteur de la sécurité » Cf : Conseil de l'Union E européenne, le partenariat stratégique Afrique-UE(une stratégie commune Afrique-UE, Lisbonne le 9 décembre 2007, 16344/07 (Presse 291).

d'inciter ses partenaires africains à se conformer aux normes internationales en matière de démocratie et des droits de l'homme (paragraphe 2).

Paragraphe 2 : La conditionnalité démocratique et des droits de l'homme dans la coopération économique Afrique-UE

La mise en œuvre progressive de la politique de conditionnalité démocratique et des droits de l'homme, traduit la volonté de l'UE de concilier l'aide au développement avec l'exigence démocratique et des droits de l'homme (A). L'accord de Cotonou signé le 23 juin 2000 entre l'UE et les pays d'Afrique, Caraïbe, Pacifique (ACP) en est une parfaite illustration, car il place la démocratie, les droits de l'homme et la bonne gouvernance au cœur des objectifs primordiaux du partenariat économique ACP-UE (B).

A. La volonté de concilier l'aide au développement avec l'exigence démocratique et les droits de l'homme

Depuis l'accession des pays africains à l'indépendance, l'Union européenne (ancienne communauté économique européenne) développe les relations économiques étroites avec ses anciennes colonies. Cette coopération antédiluvienne concerne aussi bien des avantages commerciaux que des aides au développement.[85]

En effet, au lendemain de la seconde guerre mondiale, le décalage économique entre le Nord et le Sud était apparent. L'Europe en construction s'est attelée, dès le Traité de Rome en 1957 à prendre en considération la situation de ses anciennes colonies dans sa politique économique extérieure. C'est dans ce contexte qu'elle fixa un cadre de coopération économique avec les États africains et Madagascar associés, qui aboutit le 20 juillet 1963 à la signature de la première convention de Yaoundé[86] entre la Communauté économique européenne (CEE) et les Etats africains et Madagascar associés. Cette Convention octroyait des avantages commerciaux et une aide financière aux anciennes colonies africaines, et c'est d'ailleurs la première à instaurer la réciprocité dans les rapports entre la Communauté économique européenne et ses anciennes colonies. Cette stratégie était jugée trop « absurde » par le bloc de l'Est, qui accusait les pays

[85] Le lien qui unit l'Europe aux pays d'Afrique procède d'importants intérêts économiques et d'un passé colonial encore récent. L'aide économique apportée aux pays ACP y est encore perçue comme une mise en valeur des ressources économiques au profit des anciennes métropoles plutôt que comme une aide au développement. En Amérique centrale, l'Europe avait tout à gagner, avec les pays ACP, elle peut perdre beaucoup. De plus, l'attitude de tolérance de l'Union européenne à l'égard du régime d'Apartheid de l'Afrique du Sud a longtemps joué en sa défaveur au profit des pays ACP, puisqu'elle était mal venue d'imposer une clause de conditionnalité contraignante alors qu'elle soutenait un régime qui commettait de nombreuses exactions. Voir Andrew CHERRY., Gérard RALPHS et al., *op.cit, p.*25.

[86] Mathieu CARDON, *Cours de droit international économique*, Université Jean Moulin Lyon 3.

occidentaux de vouloir contrôler les richesses de leurs anciennes colonies.[87]

À la fin des années 80, la coopération économique Afrique-UE franchit une nouvelle étape. Assiste-t-on à une tendance généralisée des pays européens (notamment occidentaux) à associer aide au développement, démocratie et droits de l'homme. À cette époque, la communauté internationale découvrait qu'il n'y avait pas de développement sans un certain degré de démocratie, pas de démocratie sans respect des droits de l'homme et, enfin, pas de démocratie sans développement.[88] Alors, s'inspirant de l'expérience américaine, notamment de l'attitude de non-ingérence du gouvernement Carter,[89] en refusant son soutien au régime autoritaire du Shah d'Iran, la Communauté économique européenne intégra dans les futurs accords de partenariat économique, les clauses de conditionnalité axées sur la démocratie et les droits de l'homme. Selon

---

[87] *Ibid.*

[88] Olivier JAQUEMIN., *La conditionnalité démocratique de l'Union européenne : une voie pour l'universalisation des droits de l'homme ? Mise en œuvre, critiques et bilan,* Cellule de recherche interdisciplinaire en droit de l'Homme, Mars 2003, p.3.

[89] Le contexte post-colonial exacerbait les sensibilités à l'égard de toute tentative d'ingérence au sein des affaires intérieures des pays décolonisés. Conséquemment, une attitude de non-intervention en matière d'aide au développement était scrupuleusement observée à l'échelle internationale tel qu'en témoignent les statuts fondateurs du PNUD : L'aide fournie (aux seuls gouvernements) ne constitue pas un prétexte d'ingérence économique ou politique de la part de l'étranger dans les affaires intérieures du pays intéressé, ne sera accompagnée d'aucune considération de caractère politique et évitera toutes distinctions fondées sur le régime politique du pays, ou sur la race ou la religion de sa population » Cf : Marie-Élisabeth LEBRUN., *La conditionnalité démocratique en matière d'aide publique au développement : sa mise en œuvre par l'Union Européenne et ses conséquences,* Essai de maîtrise, Université Laval, Québec-Canada, 10 sept 2003.

Marie-Elisabeth Lebrun, « ce premier souffle de protection des droits fondamentaux par l'entremise des relations économiques entame la volonté européenne dans ses propres initiatives à faire un lien entre le développement et la démocratie. »[90]

Au gré de cette évolution, l'aide financière octroyée aux pays en voie de développement était conditionnée par des clauses de conditionnalité démocratique prévues dans les accords de coopération économique. Cette politique de conditionnalité démocratique impose aux Etats tiers demandeurs d'aides et de préférences commerciales (dont les pays africains), le respect des principes démocratiques, des droits de l'homme et de la bonne gouvernance sur leur territoire.

Le partenariat économique de l'UE avec les pays d'Afrique, Caraïbe, Pacifique (ACP) n'échappera pas à cette nouvelle politique. L'Union en fit un pilier essentiel des négociations avec les pays ACP ; de ce fait, l'Organisation invitait régulièrement ses partenaires ACP à se conformer aux exigences du droit international en matière de démocratie, des droits de l'homme et de la bonne gouvernance, avant de négocier d'éventuels avantages commerciaux ou bénéficier des préférences commerciales. À cet égard, l'accord de Lomé IV conclu le 15 décembre 1989 entre les partenaires ACP et UE illustre parfaitement le début de la conditionnalité démocratique – même si antérieurement à cette date, l'Union négociait déjà le respect des droits de l'homme

[90] *Ibid.*

dans le cadre des accords de Lomé I, II et III. C'est l'exemple de l'article 4 de la convention de Lomé III qui exigeait des partenaires ACP *« (...) la reconnaissance du rôle de la femme et l'épanouissement des capacités humaines dans le respect de leur dignité. »*[91]

La référence aux droits de l'homme dans cet article fut insuffisante et ne permettait pas de situer confortablement la conditionnalité démocratique à cette date. Selon Joël Rideau, « le progrès constitué par cette référence ne pouvait cependant masquer l'absence de référence générale aux droits de l'homme non plus que le défaut d'un mécanisme de contrôle ou de mention de la possibilité d'une suspension de la Convention en réponse à des violations des droits de l'Homme. »[92] Ainsi, l'absence d'une référence générale aux droits fondamentaux et à l'état de droit témoignait vraisemblablement des lacunes et des limites de cet article. Toutefois, cette référence mineure demeure significative, car elle insuffle un changement dans la connexité entre la démocratie, les droits de l'homme et le développement durable.

Par ailleurs, la convention de Lomé IV, souvent qualifiée de « *banc d'essai* » de la politique de conditionnalité de l'UE, marque le début d'une revendication démocratique dans les accords de partenariat économique et les aides au développement. Pour la première fois, la conditionnalité démocratique prend la forme

---

[91] Voir : l'Accord de Lomé III signé entre les partenaires ACP-CE le 8 décembre 1984, document pdf.

[92] Marie-Élisabeth LEBRUN., *op.cit,* p.15.

d'un l'article consacré au droit de l'homme. Il s'agit de l'article 5 de la Convention qui dispose :

« 1.) La coopération vise un développement centré sur l'homme, son acteur et bénéficiaire principal, et qui postule donc le respect et la promotion de l'ensemble des droits de celui-ci. Les actions de coopération s'inscrivent dans cette perspective positive, où le respect des droits de l'homme est reconnu comme un facteur fondamental d'un véritable développement et où la coopération elle-même est conçue comme une contribution à la promotion de ces droits. Dans une telle perspective, la politique de développement et la coopération sont étroitement liées au respect et à la jouissance des droits et libertés fondamentales de l'homme. Sont également reconnus et favorisés le rôle et les potentialités d'initiatives des individus et des groupes, afin d'assurer concrètement une véritable participation des populations à l'effort de développement, conformément à l'article 13. 2.) En conséquence, les parties réitèrent leur profond attachement à la dignité et aux droits de l'homme, qui constituent des aspirations légitimes des individus et des peuples. Les droits ainsi visés sont l'ensemble des droits de l'homme, les diverses catégories de ceux-ci étant indivisibles et interdépendantes, chacune ayant sa propre légitimité : un traitement non discriminatoire ; les droits fondamentaux de la personne ; les droits civils et politiques ; les droits économiques, sociaux et culturels… »[93]

Cette Convention constitue une avancée majeure pour la coopération économique Afrique-UE.

---

[93] Voir : la quatrième convention ACP-UE, signée à Lomé le 15 décembre 1989, document pdf.

Ainsi, la conditionnalité démocratique telle qu'envisagée dans la politique extérieure de l'Union, est insufflée dans les accords de coopération économique sous la forme d'une clause relative aux droits de l'homme. En revanche, même si cette évolution fut une aubaine pour l'Union, c'est avec l'accord de Cotonou que cette politique de conditionnalité démocratique devint effective. L'Union va y consacrer la démocratie, la bonne gouvernance et le respect des droits de l'homme comme conditions de négociation des Accords de Partenariat Economique (APE) et des aides au développement.

B. L'Accord de Cotonou : une nouvelle arme de la politique de conditionnalité démocratique et des droits de l'homme

Signé le 23 juin 2000 entre L'UE et les pays ACP, l'Accord de Cotonou[94] est un accord d'association qui apporte une nouvelle ère à la coopération économique Nord-Sud. Selon l'article 1er de cet accord :

---

[94] En 1957, dans le contexte de la décolonisation du continent africain et de la construction de l'ère moderne de l'Union européenne (UE), le Traité de Rome a prévu la création d'un Fond européen de développement (FED) en vue d'assurer l'assistance technique et financière aux pays africains qui, à cette époque, étaient pour certains encore les colonies des puissances européennes. L'Accord de Cotonou a balisé la voie pour une coopération renforcée entre l'Afrique et l'Europe au sens large et, jusqu'à cette date, sert de cadre général pour d'autres outils de financement. Précédé par les quatre Conventions successives de Lomé (Lomé I-IV), l'accord de Cotonou, conclu pour une durée de vingt ans, établit un partenariat entre l'UE et 79 états d'Afrique (à l'exception de l'Afrique du Sud), Caraïbes et Pacifique (...) L'Accord de Cotonou a été révisé en 2005, en 2010 puis en 2020 et repose à présent sur trois piliers, à savoir la coopération pour le développement, la coopération politique et la coopération économique et commerciale. Voir Andrew CHERRY, Gérard RALPHS.. , op cit, p19-20.

« L'accord a pour but de mettre en place des accords de partenariat économique négociés au profit des pays d'Afrique Caraïbe Pacifique en vue de soutenir leurs efforts de développement et faciliter leur intégration économique tant dans le commerce régional que dans l'économie mondiale ». [95]

À la différence des conventions de Yaoundé et de Lomé, l'accord de Cotonou créé un nouveau cadre de coopération économique basé sur le principe de réciprocité, et met l'accent sur le respect des principes démocratiques, de l'état de droit et des droits de l'homme, tel qu'il apparait clairement à l'alinéa 4 du préambule de l'accord :

« Reconnaissant qu'un environnement politique garantissant la paix, la sécurité et la stabilité, le respect des droits de l'homme, des principes démocratiques et de l'Etat de droit et la bonne gestion des affaires publiques, fait partie intégrante du développement à long terme ; reconnaissant que la responsabilité première de la mise en place d'un tel environnement relève des pays concernés. »[96]

Peut-on voir émerger ici, une volonté commune des Etats de concilier les intérêts économiques avec la bonne gouvernance, le respect des droits de l'homme et de l'état de droit, en vue de promouvoir la légitimité démocratique dont l'Union s'est toujours servie comme moyen de lutte contre l'autoritarisme et la dictature dans les pays du Sud.

---

[95] Voir : l'Accord de Cotonou du 23 juin 2000.

[96] *Ibid.*

Cette approche nouvelle, semble à notre avis, évidente, car l'Union ne pourrait atteindre les objectifs fixés dans un environnement crispé et empreint d'instabilité démocratique. De plus, faut-il préciser que le but principal de l'accord de Cotonou est avant tout, de faciliter l'intégration économique régionale et mondiale des pays ACP. Dès lors, la conditionnalité démocratique s'avère nécessaire pour atteindre les objectifs de l'accord. D'ailleurs, le préambule de l'accord insiste sur le fait que les Etats concernés doivent mettre en place un environnement favorable à la démocratie et à la bonne gouvernance pour la réalisation des objectifs fixés en ces termes : « *la responsabilité première de la mise en place d'un tel environnement relève des pays concernés* ».

Au-delà des objectifs économiques, sociaux et culturels, les Etats parties à cet accord ont placé la démocratie et les droits de l'homme au cœur des priorités de leur coopération. En effet, selon l'article premier de l'accord de Cotonou :

« *La Communauté et ses Etats membres, d'une part, et les Etats ACP, d'autre part, ci-après dénommés parties, concluent le présent accord en vue de promouvoir et d'accélérer le développement économique, culturel et social des Etats ACP, de contribuer à la paix et à la sécurité et de promouvoir un environnement politique stable et démocratique*[97] ».

Dans le même ordre d'idées, l'article 9 paragraphe 1 dispose :

[97] V : Art. 1 de l'Accord de Cotonou.

« La coopération vise un développement durable centré sur la personne humaine, qui en est l'acteur et le bénéficiaire, et postule le respect et la promotion de l'ensemble des droits de l'homme. Le respect de tous les droits de l'homme et des libertés définis par le présent accord ainsi que sur toutes les questions fondamentales, y compris le respect des droits sociaux fondamentaux, la démocratie basée sur l'Etat de droit, et une gestion dialogue, les parties contribuent à la paix, à la sécurité et à la transparence et responsable des affaires publiques font partie intégrante du développement durable[98] *»*.

Ces dispositions semblent indiquer qu'on ne peut envisager de développement durable sans la démocratie, les droits de l'homme et l'état de droit. Ces différentes valeurs sont indispensables à la réalisation des objectifs fixés par l'accord. Aux vues de cette dernière considération, on se demande bien si l'intégration économique des Etats ACP mis en avant au départ, n'était pas un prétexte évoqué par l'Union pour imposer à ces Etats le respect des principes démocratique et des droits de l'homme ? Autrement dit, l'objectif premier de cet accord n'était-il pas la promotion de la démocratie et des droits de l'homme au prisme des accords de partenariat économique ? [99] Même si ces interrogations ont du mérite, faut-il souligner que l'intérêt de la coopération économique entre l'UE et les pays ACP est avant tout économique.

---

[98] V : Art.1 §9 de l'Accord de Cotonou.

[99] Olivier JAQUEMIN.,*op cit, p.12.*

En définitive, il convient de retenir que l'accord de Cotonou signé en juin 2000 a insufflé une nouvelle ère dans la coopération économique ACP-UE, en mettant en avant la promotion de la démocratie et de la bonne gouvernance. En outre, il a favorisé l'entrée des droits de l'homme et de l'état de droit dans les relations économiques ACP-UE, et partant, a permis de les concilier avec l'aide au développement.

Toutefois, force est de constater que quelques années après son application, le bilan de l'accord de Cotonou est mitigé. Peu de résultats par rapport aux objectifs démocratiques fixés au départ ont été atteints. Jean Bossuyt et Andrew Sherriff soulignent à cet effet, que « la stratégie conjointe s'est heurtée à plusieurs dysfonctionnements structurels, notamment une dilution progressive de la substance politique de la stratégie commune, des niveaux d'appropriation faibles de part et d'autre, une architecture institutionnelle lourde et peu efficace, ainsi qu'une recherche de succès rapide. Les effets conjugués de ces facteurs pourraient expliquer le bilan mitigé de la stratégie de l'accord. »[100]

De même, selon Marie-Elisabeth Lebrun, « la définition et surtout la mise en œuvre de la politique européenne en matière d'appui à la démocratie et à la bonne gouvernance en Afrique sont souvent influencées par les agendas nationaux des États membres. On peut parler de conflits entre les valeurs démocratiques à promouvoir et les intérêts des États à sauvegarder

[100] Marie-Élisabeth LEBRUN., *op cit, p.36.*

pour des raisons économiques, sécuritaires et autres. »[101] Selon l'auteure, l'un des obstacles majeurs à l'effectivité de l'accord de Cotonou en matière de droits de l'homme et de démocratie serait l'intérêt économique parfois escompté de certains Etats membres dans les pays ACP.[102]

Arrivé à terme en 2020, l'Accord de Cotonou a été remplacé par l'accord post-Cotonou. Ce nouvel accord fixe un nouveau cadre de coopération économique entre l'UE et l'Organisation des Etats d'Afrique Caraïbe Pacifique (OACP). Il devient le nouveau cadre juridique dans lequel s'inscrivent désormais les relations entre l'UE et les 79 pays ACP. L'accord vise à renforcer la capacité de l'UE et des pays ACP à relever ensemble les défis mondiaux.

Par ailleurs, l'accord établit des principes communs, et couvre les domaines prioritaires suivants : la démocratie et les droits de l'homme ; la croissance et le développement économique durable ; le

---

[101] *Ibid.*

[102] On ne peut s'empêcher de constater un certain décalage entre les principes inscrits dans l'Accord de Cotonou et la pratique en matière d'appui à la gouvernance démocratique en Afrique. Certains pays font en effet du « deux poids deux mesures » dans leurs réactions en fonction des intérêts qu'ils ont dans tel ou tel pays du groupe ACP. Un des exemples les plus récents est la réaction discrète voire tardive de l'UE face au coup d'État constitutionnel du 4 août 2009 au Niger lorsque le président Mamadou Tandja a fait voter, par référendum, une constitution taillée sur mesure après avoir dissout l'Assemblée nationale le 26 mai 2009 et la Cour constitutionnelle le 29 juin 200918. Celle-ci a été dissoute parce qu'elle avait refusé d'avaliser, à deux reprises, soit le 25 mai et le 12 juin 2009, le projet de référendum sur une nouvelle constitution devant permettre au président Tandja de rester au pouvoir trois années supplémentaires à l'issue de son second et dernier mandat, le 22 décembre 2009, et de se faire réélire ensuite sans limitation de mandat. Voir précisément Marie-Elisabeth LEBRUN., *op cit,* p.37.

changement climatique ; le développement humain et social ; la paix et la sécurité ; les migrations et la mobilité.

Au surplus, cet accord met l'accent sur la démocratie et les droits de l'homme – car, inspirés par les échecs successifs de l'accord de Cotonou en matière de démocratie et des droits de l'homme, les partenaires ACP-UE entendent renforcer le respect de ces principes dans les pays ACP.[103]

Somme toute, la promotion du principe d'élections périodiques et honnêtes, et l'assistance électorale de l'AGNU et du CSNU, ainsi que la politique de conditionnalité démocratique et des droits de l'homme de l'UE ont largement contribué à l'émergence des normes démocratiques en Afrique. Cette contribution a servi de levier aux organisations régionales et sous régionales africaines qui sont à pied d'œuvre depuis des décennies pour vulgariser la démocratie et les droits de l'homme en Afrique **(chapitre 2).**

---

[103] Voir : Conseil européen, Conseil de l'Union Européenne, *« Un nouvel Accord de partenariat entre l'UE et l'OEACP »* : https://www.consilium.europa.eu/fr/policies/cotonou-agreement/

Chapitre 2

L'exigence démocratique et des droits de l'homme au niveau africain

Le processus de démocratisation africain a été également pris en compte par les organisations régionales africaines. Ces Organisations ont apporté une contribution substantielle tant sur le plan normatif que sur le plan opérationnel. C'est le cas de l'Organisation de l'Unité Africaine (OUA), créée en 1963, devenue l'Union Africaine en 2002. Au milieu des années 90, s'appuyant sur le principe de la *« libre participation des citoyens à la direction des affaires publiques de leur pays (…)»,* consacré à l'article 13 de la charte africaine des droits de l'homme et des peuples, l'Union inséra la démocratie et les droits de l'homme dans son agenda politique, avec pour objectif principal d'insuffler la gouvernance démocratique dans les systèmes politiques des Etats membres (section 1).

Inspirées par cette initiative prégnante de l'UA, certaines organisations sous-régionales africaines vont privilégier la gouvernance démocratique dans leur politique communautaire. C'est l'exemple de la communauté économique des Etats d'Afrique de l'Ouest (CEDEAO) et de la communauté économique des Etats d'Afrique central (CEEAC), dont les actions étaient « essentiellement » portées sur la promotion des normes démocratiques dans leur zone d'influence respective (Section 2).

Section 1 : L'Union Africaine à l'œuvre de la démocratisation et de la promotion des droits humains en Afrique

L'action normative de l'Union Africaine en faveur de la démocratie en Afrique est remarquable. Depuis le début des années 90, l'Organisation est pleinement investie dans la promotion d'une société démocratique fondée sur les valeurs substantielles des droits de l'homme, à travers une politique régionale prodigieuse (paragraphe 1), qui a conduit en 2007 à l'adoption d'une Charte africaine de la démocratie, des élections et de bonne gouvernance – symbole de la consécration d'un « droit fondamental à la démocratie » en droit régional africain (paragraphe 2).

Paragraphe 1 : La mise en avant des principes démocratiques et des droits de l'homme dans la politique régionale : de l'OUA à l'UA

L'intérêt de l'Union pour la démocratie et les droits de l'homme en Afrique, s'est manifesté « timidement » sous l'égide de l'Organisation de l'Unité Africaine (A), avant de connaitre une évolution avec la consécration dans l'acte constitutif de l'Union Africaine, d'une vision nouvelle de la démocratie centrée sur les droits fondamentaux des citoyens africains (B).

A. La promotion relative de la démocratie et des droits de l'homme dans le cadre de l'OUA

Plus de deux décennies après l'accession de plusieurs Etats africains à l'indépendance (en 1960), le continent était confronté à de nombreux défis, qui entravèrent le bon fonctionnement des institutions, et hypothéquèrent son avenir. La plupart des Etats devaient se légitimer en l'absence de processus *sui generis* similaire à celui qui a présidé à la formation des Etats européens pionniers.

Tandis que certains Etats étaient confrontés à des conflits internes qui menacèrent de les faire disparaitre, d'autres s'affrontèrent au sujet des frontières contestées. Ces différents phénomènes ont retardé les tentatives de démocratisation sur le continent, par conséquent, ont entravé la capacité des pays africains, pris individuellement à peser politiquement sur la scène internationale.

Face à cette situation, les pays africains décidèrent alors de s'organiser politiquement et collectivement autour d'une institution politique qui portera la voix de l'Afrique sur la scène internationale. C'est ainsi qu'en 1963 à Arusha, ils créèrent l'Organisation de l'Unité Africaine (OUA).

À la création de l'OUA, ni la démocratie ni les droits de l'homme ne figurèrent dans la charte de l'OUA comme des objectifs à atteindre. Ainsi, nonobstant l'adoption d'une charte africaine des droits de l'homme et des peuples en 1983, l'Organisation se gardait d'intervenir dans les Affaires intérieures de ses Membres. Tout comme l'ONU, l'Union considérait que ces domaines relevèrent respectivement de la compétence interne des Etats, et qu'il ne lui appartenait pas, en tant qu'organisation internationale, d'intervenir dans l'organisation politique interne de ses Membres, encore moins de décider en la matière. D'ailleurs, bien qu'il était affirmé dans la charte constitutive de l'Organisation, le caractère fondamental de la Charte des Nations Unies et de la Déclaration Universelle des Droits de l'Homme[104], aucune référence expresse à la démocratie n'y figurait. Ce n'est qu'en 1990, lors du sommet des chefs d'Etat et de gouvernement à Arusha que, l'Organisation affirma pour la première fois sa préférence pour la gouvernance démocratique.

Ainsi, convaincue de l'importance de la démocratie pour la stabilité politique et le développement du continent, l'OUA inséra la légitimité démocratique dans son agenda politique – avec une prééminence pour les régimes démocratiques. De nouveaux concepts émergent alors autour de la notion de démocratie – des concepts tels que « la paix démocratique » ou « le développement démocratique » sont mis en avant dans les instruments juridiques de l'Organisation.

Par ailleurs, ayant cerné le rôle substantiel du peuple (souverain) dans le fonctionnement du système

[104]« Persuadés que la charte des Nations Unies et la Déclaration Universelle des Droits de l'Homme, aux principes desquels nous réaffirmons notre adhésion, offrent une base solide pour une coopération pacifique et fructueuse entre nos Etats. » : *Préambule de la charte constitutive de l'Organisation de l4unité Africaine (OUA) adoptée en 1963 à Addis-Abeba, § 8.*

démocratique, l'Organisation adopta en 1990 une charte africaine pour la participation du peuple au développement et à la transformation du continent. Dans ce document, les Etats membres de l'OUA consacrent la participation « prioritaire » du peuple au développement et à la gestion des affaires publiques comme fondement de la démocratie. De ce fait, considérèrent-ils :

« qu'il doit y avoir une ouverture de processus politiques qui concilie la liberté d'opinions, tolère les différences, accepte les consensus sur les problèmes afin d'assurer la participation efficace du peuple et de ses organisations et associations (...) Par ailleurs, il faut que le système politique évolue pour permettre la démocratie et la participation complète de toutes les sections de nos sociétés. »[105]

Les Membres de l'OUA prirent peu à peu conscience du rôle fondamental du peuple dans la construction d'une société démocratique – et partant, approuvent la nécessité de prendre en compte les droits et libertés du peuple dans le processus de démocratisation :

« Nous croyons que pour que le peuple participe sincèrement à son propre développement, il doit pouvoir s'exprimer librement et être libéré de la peur. Cela ne peut se faire que par l'extension et la protection des droits élémentaires de l'homme et nous conseillons vivement aux gouvernements d'implémenter énergiquement la Charte africaine des Droits de l'Homme et La Déclaration universelle des Droits de

---

[105] Voir : la charte africaine pour la participation du peuple dans le développement et la transformation, adoptée le 12 février 1990 à Arusha en Tanzanie, §11.

l'Homme, la Convention des Droits de l'Enfant, la Convention ILO No 87 concernant la Liberté d'Association et de Protection du Droit d'Organiser et la Convention de l'Elimination de toutes Formes de Discrimination contre les Femmes[106] », déclarèrent-ils.

À cela, s'ajoute la volonté des Etats membres de renforcer les droits de la femme :

« Étant donné la contribution essentielle faite par les femmes aux sociétés et économies africaines et l'extrême subordination et discrimination dont ont souffert les femmes en Afrique, c'est le consensus des participants que la réalisation des droits égaux pour les femmes dans les sphères sociale, économique et politique doivent devenir une caractéristique centrale d'un modèle de développement démocratique et de participation[107] ».

On voit apparaitre progressivement dans la politique de l'OUA, la volonté de démocratiser les systèmes politiques africains, en prenant en compte les droits fondamentaux des peuples africains, et en exigeant leur participation active et inclusive au processus de développement.

---

[106] Ibid.

[107] *« De plus, c'est le consensus de cette conférence que la réalisation de l'entière participation des femmes doit avoir la plus grande priorité par la société dans l'ensemble et par les gouvernements africains en particulier. L'on doit se battre pour ce droit et il doit être défendu par la société, les Organisations non gouvernementales africaines et les Organisations de développement volontaires, les Gouvernements et le système des Nations unies en reconnaissance du rôle primordial joué par les femmes maintenant et durant le cours du Redressement et de la transformation des africains pour une meilleure qualité de vie »*. Voir la Déclaration d'Arusha de 1990, *ibidem.*

Au surplus, face au phénomène des changements anticonstitutionnels de gouvernement qui affleurait en Afrique au début des années 90, l'OUA adopta plusieurs déclarations dans lesquelles, elle dénonça le caractère néfaste et nuisible de ce phénomène pour la stabilité démocratique du continent. C'est ainsi que le 12 juillet 2000, lors de la 36ème session du sommet des chefs d'Etat et de gouvernement à Lomé (Togo), les Etats membres de l'OUA ont adopté une déclaration commune dans laquelle, ils ont condamné à l'unanimité le phénomène épidémique des coups d'Etat, qu'ils ont qualifié de *« menace contre la paix et la sécurité, ainsi qu'un sérieux revers pour le processus de démocratisation en cours sur le continent. »* [108] De cette déclaration découlent les principes démocratiques suivants :

---

[108] « Nous exprimons notre grave préoccupation face à la réapparition du phénomène des coups d'Etat en Afrique. Nous reconnaissons que cette situation constitue une menace à la paix et à la sécurité sur le continent, ainsi qu'une tendance très préoccupante et un sérieux revers pour le processus de démocratisation en cours sur le continent. Nous reconnaissons que le phénomène des coups d'Etat a provoqué une violation flagrante des principes fondamentaux de notre Organisation continentale et de l'Organisation des Nations Unies. Ce phénomène est également en contradiction avec la position adoptée par notre Organisation en 1997 à Harare, à la suite du coup d'Etat intervenu en Sierra Leone, position par laquelle les Etats membres ont, sans équivoque, condamné et rejeté tout changement anticonstitutionnel de gouvernement. Nous réaffirmons que les coups d'Etat sont regrettables et inacceptables sur notre continent, d'autant plus qu'ils surviennent au moment où nos peuples se sont engagés à respecter l'Etat de droit fondé sur la volonté populaire exprimée par la voie des urnes et non par la force. Nous rappelons notre décision AHG/Dec.141(XXXV) adoptée lors de la 35ème session ordinaire de notre Conférence, dans laquelle nous avons unanimement rejeté tout changement anticonstitutionnel comme étant une pratique inacceptable et anachronique en contradiction avec notre engagement de promouvoir les principes et conditions démocratiques. » Voir : la *Déclaration sur le cadre pour une réaction de l'OUA fac aux changements anticonstitutionnels de gouvernements, AHG/Decl. 5 (XXXVI), p.2.*

« i) adoption d'une constitution démocratique dont l'élaboration, le contenu et le mode de révision devraient être conformes aux principes généralement convenus de démocratie ; ii) respect de la Constitution et des dispositions des lois et autres actes législatifs adoptés par le parlement ; iii) séparation des pouvoirs et indépendance du judiciaire ; iv) promotion du pluralisme politique et de toute autre forme de démocratie participative, y compris le renforcement du rôle de la société civile et la garantie de l'équilibre entre les hommes et les femmes dans le processus politique ; v) admission du principe de l'alternance démocratique et reconnaissance d'un rôle pour l'opposition ; vi) organisation d'élections libres et régulières, conformément aux textes en vigueur ; vii) garantie de la liberté d'expression et de la liberté de presse, y compris la garantie de l'accès de tous les acteurs politiques aux médias ; viii) reconnaissance constitutionnelle des droits fondamentaux et des libertés, conformément à la Déclaration universelle des droits de l'homme de 1948 et à la Charte africaine des droits de l'homme et des peuples de 1981 ; ix) garantie et promotion des droits de l'homme. »[109]

L'adoption de ces principes démocratiques traduit vraisemblablement la volonté de l'OUA de faire de la démocratie un instrument de lutte contre les régimes autoritaires et dictatoriaux en Afrique. Aussi, marque-t-elle le début d'un long processus de consécration de la démocratie dans l'ordonnancement juridique de l'UA.

---

[109] *Ibid, p.4-5.*

B. La consécration de la démocratie et des droits de l'homme dans l'acte constitutif de l'Union Africaine

À la fin des années 90, l'instabilité politique et démocratique gangrène le continent africain. La résurgence des conflits armés, parfois issus des contestations électorales, la persistance des coups d'Etat militaires et le poids écrasant de la crise économique, sont au cœur des débats politiques en Afrique. Préoccupés par ces changements sociaux, politiques et économiques, les chefs d'Etat et de gouvernement, réunis à Syrte (en Lybie) le 9 septembre 1999 décidèrent de la création d'une nouvelle organisation mieux outillée pour faire face à ces nouvelles réalités. Ainsi, ayant franchement et longuement discuté de l'approche à adopter quant au renforcement de l'unité de leur continent et de ses peuples, ils décidèrent enfin de créer l'Union africaine, conformément aux objectifs fondamentaux de la Charte de OUA et aux dispositions du Traité instituant la Communauté économique africaine.[110]

Cet engagement solennel des chefs d'Etat répond assurément à la nécessité d'adapter les objectifs de l'OUA aux nouvelles exigences en matière de sécurité, de démocratie, de politique, d'économie et des droits de l'homme. Après trois ans de travaux et de concertation, la naissance de l'Union Africaine (UA) fut officiellement proclamée le 9 juillet 2002 à Durban, en Afrique

---

[110] Voir : la Déclaration de Syrte adoptée par l'organisation de l'unité africaine le 9 septembre 1999, §8 (i).

du Sud, lors de la 38ème conférence des chefs d'Etat et de gouvernement.[111]

L'avènement de l'Union Africaine donne une nouvelle ère à la coopération interafricaine. En succédant à l'Organisation de l'unité africaine, l'UA s'engageait à apporter des solutions inclusives aux problématiques d'insécurité et d'instabilité politique – avec pour ambition la démocratisation des systèmes politiques africains et la promotion des droits humains, dont les bases avaient été déjà posées dans le cadre de l'OUA. À cette fin, la nouvelle Organisation intégra l'exigence démocratique et des droits de l'homme dans son acte constitutif – avec une préférence pour la gouvernance démocratique[112].

Par le choix d'un régime démocratique, l'Union Africaine marque sa divergence avec l'OUA, dont la Charte ne fit aucune référence ni à la démocratie, ni aux droits de l'homme. Et pourtant, on observe que dès les premières lignes du préambule de l'acte constitutif de l'UA, les chefs d'Etat et de gouvernement se sont engagés :

---

[111] « Au-delà de la symbolique d'une telle décision, décision inaugurant une période intérimaire d'un an au cours de laquelle les principaux organes de la nouvelle institution seront mis en place, les dirigeants africains prenaient définitivement acte de leur volonté d'ouvrir une nouvelle page de l'intégration de leur continent. Pareil tournant consacrait certes plusieurs années de préparation et de négociations des textes fondateurs de l'Union africaine, mais il marquait dans le même temps le souci de clore définitivement les débats parfois controversés et toujours passionnés sur le calendrier et les modalités de passage de l'Organisation de l'unité africaine. » Voir Albert BOURGI., « L'Union Africaine entre les textes et la réalité », doc. Pdf, p.327-328.

[112] Albert BOURGI.,*op.cit.*

« *À promouvoir et à protéger les droits de l'homme et des peuples, à consolider les institutions et la culture démocratiques, à promouvoir la bonne gouvernance et l'Etat de droit* ». [113]

Cet engagement fut conforté par les dispositions de l'article 3(g) et (h) de l'acte constitutif qui consacrent la démocratie, les droits de l'homme, la bonne gouvernance et l'état de droit, comme des objectifs majeurs de l'Union. Les droits de l'homme et l'état de droit sont ainsi associés à l'exigence démocratique comme des objectifs communs de l'Union. L'acte constitutif de l'UA devient alors un instrument juridique majeur en droit régional africain, puis en droit international, qui traite à la fois des questions de démocratie et des droits de l'homme. Dès lors, assiste-t-on à la consécration normative de la démocratie, des droits de l'homme et de l'état de droit dans le droit de l'Union contrairement à la Charte de l'OUA, qui avait passé ces questions sous silence.

En outre, l'article 4(h) de l'acte constitutif érige en principes fondamentaux de l'Union : le respect des principes démocratiques, des droits de l'homme, de l'état de droit et de la bonne gouvernance. Ainsi, ces différentes dispositions viennent conforter davantage la volonté de l'Union Africaine de contribuer normativement au processus de démocratisation du continent, à travers un ordonnancement juridique fixant les règles du jeu démocratique.

---

[113] Voir précisément le considérant 5 de l'acte constitutif de l'Union Africaine de 2002.

Par ailleurs, l'acte constitutif de l'Union africaine promeut également la bonne gouvernance, en révulsant toute pratique antidémocratique pour accéder au pouvoir d'Etat. Il érige ainsi en principes fondamentaux de l'Union « la condamnation et le rejet des changements anticonstitutionnels de gouvernement ». En effet, selon les dispositions de l'article 30 de l'acte constitutif de l'UA :

« Les gouvernements qui accèdent au pouvoir par des moyens anticonstitutionnels ne sont pas admis à participer aux activités de l'Union. »[114]

Ainsi, l'article 30 impose aux Etats membres une obligation « négative » en vertu de laquelle, ces derniers ne doivent guère employer les moyens anticonstitutionnels pour accéder au pouvoir ; une telle pratique aura pour conséquence l'interdiction de participer aux activités de l'Organisation.

Il va de soi que cette interdiction est certainement insuffisante pour freiner efficacement le phénomène complexe des changements anticonstitutionnels de gouvernement, néanmoins, elle permet de mettre en place une première forme de sanction contre les comportements antidémocratiques des acteurs politiques, et partant, constitue une base juridique des déclarations de l'UA sur la condamnation de ce phénomène. Cependant, que signifie concrètement la notion de « changements anticonstitutionnels de gouvernement » ?

---

[114] V : Art. 30 de l'acte constitutif de l'UA.

L'acte constitutif de l'UA ne donne pas de définition expresse de la notion de « changements anticonstitutionnels de gouvernement ». Il indique simplement qu'une telle pratique est contraire aux principes fondamentaux de l'UA, dans la mesure où elle constitue un obstacle à l'émergence de la gouvernance démocratique en Afrique. Toutefois, les chefs d'Etat et de gouvernement de la défunte OUA, avaient déjà donné une tentative de définition dans *« la déclaration sur le cadre pour une réaction de l'OUA face aux changements anticonstitutionnels de gouvernement »* adoptée le 12 juillet 2000 à Lomé. Après avoir souligné la nécessité de renforcer les institutions démocratiques pour lutter efficacement contre cette pratique antidémocratique[115], les chefs d'Etat et de gouvernement ont qualifié de changements anticonstitutionnels de gouvernement les faits suivants :

« Un coup d'Etat militaire contre un gouvernement issu d'élections démocratiques ; une intervention de mercenaires pour renverser un gouvernement issu d'élections démocratiques ; une intervention de groupes armés dissidents et de mouvements rebelles pour renverser un gouvernement issu d'élections démocratiques ; le refus par un gouvernement en

---

[115] « Nous pensons que le strict respect de ces principes et le renforcement des institutions démocratiques réduiront considérablement les risques de changements anticonstitutionnels sur notre continent. En effet, l'expérience a montré que les changements anticonstitutionnels sont parfois l'aboutissement d'une crise politique et institutionnelle liée au non-respect de ces valeurs et principes communs de gouvernance démocratique. Notre Organisation doit, par conséquent, soutenir tous les efforts visant à promouvoir le respect de ces principes. » Voir : *Déclaration sur le cadre pour une réaction de l'OUA fac aux changement anticonstitutionnel de gouvernements, AHG/Decl. 5 (XXXVI), p.4.*

place de remettre le pouvoir au parti vainqueur à l'issu d'élections libres, justes et régulières. »[116]

Peut-on observer que les chefs d'Etat et de gouvernement ont retenu comme critère de définition, le renversement d'un gouvernement démocratiquement élu, c'est-à-dire un gouvernement issu d'une élection libre, juste et régulière. Ainsi, en interdisant les changements anticonstitutionnels de gouvernement, l'Union Africaine promeut le principe d'élections périodiques et honnêtes consacré à l'article 21 paragraphe 3 de la Déclaration universelle des droits de l'homme et à l'article 25 du Pacte international des droits civils et politiques.

Somme toute, la naissance de l'Union Africaine a permis de poser les bases de l'ordonnancement juridique de la démocratie dans le droit de l'Union. Pour la première fois, la démocratie est mentionnée dans un traité de l'Union comme un objectif à atteindre au même titre que la paix, la sécurité et les droits de l'homme. On assiste, en outre, à la volonté des Etats africains de concilier l'exigence démocratique avec la nécessité de garantir les droits fondamentaux des citoyens africains, qui participent au processus démocratique. Ce traité a servi de fondement juridique à l'ingérence démocratique de l'Union en Afrique, et a favorisé l'adoption d'une charte africaine de la démocratie, des élections et de bonne gouvernance (paragraphe 2).

---

[116] Voir : la Déclaration de Lomé du 12 juillet 2000, sur les changements anticonstitutionnels de gouvernements., §(i,ii,iii,iv)

Paragraphe 2 : L'élaboration de la Charte africaine de la démocratie, des élections et de bonne gouvernance

L'adoption d'une Charte africaine de la démocratie, des élections et de bonne gouvernance (CADEBG) favorise la consécration d'un *« droit fondamental à la démocratie »* dans l'ordonnancement juridique de l'Union Africaine (A), faisant ainsi de la démocratie une norme universelle, imposant aux Etats africains l'organisation des élections libres, transparentes et justes (B).

A. La consécration du droit fondamental à la démocratie

L'avènement de l'Union Africaine fut un évènement majeur pour l'avancée du processus de démocratisation africain. Dès sa naissance en 2002, l'Union affirma son attachement à la démocratie et sa préférence pour la gouvernance démocratique, tout en laissant à ses Etats membres, la liberté de choisir la forme de démocratie qui correspond à leurs réalités.

En plus de cette sollicitude pour un régime démocratique, l'UA opta pour une conception inclusive de la démocratie et des principes fondamentaux qui en découlent. Ce choix traduit l'ambition démesurée de l'Union de faire de la gouvernance démocratique un levier essentiel pour la stabilité et la paix. Ainsi, pour conforter son ambition, l'Union décida de doter l'Afrique d'un instrument juridique de portée universelle consacré à la légitimité démocratique. C'est ainsi que le 31 janvier 2007 fut adoptée une charte africaine de la démocratie, des élections et de bonne gouvernance. Ce texte de portée internationale prévoit les règles de la démocratie communes à toute l'Afrique, et fait des élections, la clef de voûte de l'UA[117].

Dès les premières lignes du préambule, la démocratie est proclamée comme un « système politique » par excellence qui, occupe une place prépondérante dans la politique de l'Union. En effet, « inspirée par les objectifs et principes énoncés dans l'acte constitutif de l'Union africaine, en particulier, en ses articles 3 et 4 qui soulignent l'importance de la bonne gouvernance, de la participation populaire, de l'état de droit et des droits de l'homme », l'UA veut emmener ses Etats membres à privilégier la démocratie en tant que mode pacifique d'accession au pouvoir – contrairement aux coups

[117] « Outre l'internationalisation des droits politiques amorcée individuellement par les constitutions nationales, le champ politique en Afrique est dorénavant soutenu par une convention internationale propre au continent. Un mouvement que l'on voit se dessiner dès le début des années 90 se traduisant par un infléchissement de l'autonomie constitutionnelle des États 3 et par une montée du droit international dans les dispositions constitutionnelles des États, en particulier en Afrique. L'intérêt est incontestable. Le système s'était jusque-là contenté de l'adoption de clauses de garantie de la démocratie dans les traités, sans que l'objectif en soi absolument le changement constitutionnel et politique dans les États. L'adoption en 2001 d'un protocole sur la démocratie et la bonne gouvernance par la Communauté économique des États de l'Afrique de l'Ouest 4 (CEDEAO) constitue une des premières tentatives de légiférer sur la démocratie par un acte contraignant. Aussi loin que l'on recule dans l'histoire constitutionnelle connue des États, cette charte est une originalité par son objectif. Car, elle vise à mettre en place une organisation politique continentale et un mode d'exercice du pouvoir politique préalablement accepté par les États à l'échelle régionale. Cette charte évoque une sorte de constitution politique internationale, qui est un idéal à atteindre dans le projet panafricaniste de Kwame Nkruma ». Voir : Blaise TCHIKAYA., « La charte africaine de la démocratie, des élections et de la gouvernance », *AFDI*, 2008, p.515.

d'Etat et à toute forme inconstitutionnelle d'accession au pouvoir.

Ce choix pour la démocratie traduit la volonté patente de l'Union de faire de ce système politique, la boussole irréversible de l'organisation politique interne de ses Etats membres. À cette fin, l'Union met régulièrement à contribution les communautés économiques régionales et sous-régionales africaines pour l'assister dans cette mission dantesque.

Ainsi, grâce à la charte africaine de la démocratie, des élections et la bonne gouvernance, la démocratie est devenue un « droit fondamental » dont le citoyen africain peut se prévaloir devant les instances juridictionnelles nationales et régionales. Désormais le citoyen africain peut opposer à l'Etat, son droit à la démocratie et à la bonne gouvernance. Aussi, ce droit fondamental à la démocratie implique pour le citoyen africain, le droit de participer aux votes, d'élire et se faire élire, le droit de participer à la gestion des affaires publiques de son pays, le droit de s'exprimer et de manifester.

Par ailleurs, le troisième considérant du préambule de la Charte reflète la volonté commune des Etats africains, d'œuvrer sans relâche pour l'approfondissement et la consolidation de la démocratie, de l'état de droit, de la paix, de la sécurité et du développement dans leurs pays. Un tel engagement de portée universelle déforce davantage la domination des régimes dictatoriaux et autoritaires au profil des régimes démocratiques. En ce sens, Blaise TICHIKAYA affirme que, « ce choix de l'orientation universaliste de la démocratie par les pays africains démontre la volonté de ceux-ci à contribuer à l'essor de la démocratie sur le continent, et justifie ce vaste mouvement de transition démocratique que connait le continent »[118].

Cependant, faut-il préciser que le choix de la démocratie comme système politique à promouvoir à l'échelle du continent, ne fut pas le seul objectif des Etats membres. La gouvernance démocratique impliquant également le respect des droits de l'homme, de l'état de droit et de la bonne gouvernance, les Etats ont affirmé leur attachement à ces principes comme cela apparait clairement dans les considérants 3 et 5 du préambule de la Charte. Ainsi, conformément à l'article 3 paragraphe 1 de la Charte, les Etats s'engagent à *« respecter les droits de l'homme et les principes démocratiques[119] »*.

Cette évolution vient bouleverser incontestablement la vision « anhistorique » que certains citoyens africains avaient de la démocratie. En effet, en tant que mode pacifique d'accession au pouvoir, la démocratie est souvent perçue comme un système qui prône uniquement l'organisation d'élections libres et honnêtes, sans considération particulière pour les droits fondamentaux des peuples. Or, la nouvelle approche proposée par la Charte étend la notion de démocratie aux droits et libertés des citoyens qui participent aux votes.

---

[118] Blaise TCHIKAYA., *Op.cit.*

[119] Voir : La charte africaine de la démocratie, des élections et de bonne gouvernance, p.4.

Ainsi, la conception moderne de la démocratie, telle qu'illustrée par la pensée libérale est transposée en droit régional africain, comme un droit fondamental que les Etats doivent respecter, en commençant par organiser des élections libres, transparentes et justes.[120]

B. L'organisation des élections libres transparentes et justes : la clef de voûte de l'UA

Au-delà des droits de l'homme et de l'état de droit, l'article 3 de la charte africaine de la démocratie, des élections et de la bonne gouvernance énonce la primauté des « *élections transparentes, libres et justes, et la participation effective des citoyens aux processus démocratiques et de développement, et à la gestion des affaires publiques (*article 3 §4et7) ». Les dispositions de cet article révèlent ainsi le caractère fondamental des élections dans la construction d'une société démocratique. Autrement dit, la consolidation des valeurs universelles de la démocratie passe prioritairement par des élections libres, transparentes et ouvertes à tous les citoyens,

---

[120] L'article 44 (1) de la Charte dispose : *« Pour honorer les engagements contenus dans la présente Charte, Les États parties s'engagent à réaliser les objectifs, à appliquer les principes et à respecter les engagements énoncés dans la présente Charte de la manière suivante : a) les États parties initient les actions appropriées, y compris les actions d'ordre législatif, exécutif et administratif afin de rendre leurs lois et les règlements nationaux conformes à la présente Charte ; b) les Etats parties prennent toutes les mesures nécessaires conformément aux dispositions et procédures constitutionnelles pour assurer une dissémination plus large de la présente Charte et de toute législation pertinente indispensable à l'application des principes fondamentaux y contenus ; c) les Etats parties encouragent la volonté politique comme une condition nécessaire pour la réalisation des objectifs énumérés dans la présente Charte ; d) les Etats parties intègrent les engagements et principes énoncés dans la présente Charte dans leurs politiques et stratégies nationales. »*

sans discrimination raciale, ethnique et religieuse. Selon Blaise TCHIKAYA,« l'article 3 de la Charte consacre le droit commun de la démocratie en affirmant la primauté donnée aux élections. Il importe en effet de promouvoir la tenue régulière d'élections transparentes, libres et justes, afin d'institutionnaliser une autorité et un gouvernement légitimes, ainsi que les changements démocratiques de gouvernement »[121].

L'élection, moyen d'expression de la volonté du peuple est réhabilitée en droit régional africain. Dès lors, les institutions en charge de l'organisation des élections devront assurer son effectivité, et garantir la participation de tous les citoyens, ainsi que l'égalité entre les candidats. En outre, elles devront veiller à la fiabilité des fichiers électoraux, assurer la crédibilité et la sincérité de toutes les étapes du scrutin jusqu'à la proclamation des résultats.

Cette disposition fait des « élections libres, transparentes et justes » un principe substantiel du processus de démocratisation des systèmes politiques africains. Ainsi, la Charte africaine de la démocratie, des élections et de bonne gouvernance s'inscrit, par analogie, dans la continuité de la déclaration universelle des droits de l'homme et du pacte international relatif aux droits civils et politiques. Ces deux instruments internationaux prônent respectivement le principe d'élections périodiques et honnêtes, et imposent aux Etats Parties (pour ce qui est de la PIDCP) l'obligation

---

[121] Blaise TCHIJAYA., *op.cit.*

positive d'organiser des élections libres, transparentes et périodiques.[122]

D'ailleurs, pour renforcer « l'obligatoriété électorale » en Afrique, la CADEBG s'appuie également sur l'article 13 de la charte africaine des droits de l'homme et des peuples du 27 juin 1981 en vertu duquel :

« 1. Tous les citoyens ont le droit de participer librement à la direction des affaires publiques de leur pays, soit directement, soit par l'intermédiaire de représentants librement choisis, ce, conformément aux règles édictées par la loi. 2. Tous les citoyens ont également le droit d'accéder aux fonctions publiques de leurs pays »[123].

En invoquant cette disposition, la CADEBG affirme le rôle fondamental des élections dans le processus de démocratisation en cours, et encourage les Etats africains à s'inscrire davantage dans cette démarche[124].

---

[122] « Les systèmes politiques en Afrique se doivent d'être conformes à l'article 25 du pacte international sur les droits civils et politiques de décembre 1966, qui dispose : «Tout citoyen a le droit et la possibilité, sans aucune des discriminations visées à l'article 2 et sans restrictions déraisonnables : a) de prendre part à la direction des affaires publiques, soit directement, soit par l'intermédiaire de représentants librement choisis ; b) de voter et d'être élu, au cours d'élections périodiques, honnêtes, au suffrage universel et égal et au scrutin secret, assurant l'expression libre de la volonté des électeurs».

[123] Voir : Art.13 de la Charte africaine des droits de l'homme et des peuples du 27 juin 1981.

[124] Les règles choisies pour corriger la situation actuelle en insufflant un cadre démocratique en faveur des élections se présentent en deux temps. Le chapitre VII formule d'une part ce que les États doivent faire, et de l'autre les facultés qui leurs sont laissées, sous le contrôle de la Commission africaine. Ces derniers ont en effet souligné leur engagement à tenir régulièrement des élections transparentes, libres et justes [...], étant entendu que tout État partie doit créer et renforcer les organes électoraux nationaux indépendants et impartiaux, chargés de la gestion des élections. Ils doivent mettre en place des mécanismes nationaux pour régler, dans les meilleurs délais, le contentieux électoral, et s'assurer que les partis et les candidats qui participent aux élections aient un accès équitable aux médias d'État. Les exécutifs

Par ailleurs, il importe de préciser que l'organisation d'élections libres, transparentes et honnêtes telle que promue par la Charte, avait été évoquée pour la première fois par les chefs d'Etat et de gouvernement dans la déclaration de l'OUA relative aux principes régissant les élections démocratiques, adoptée le 9 juillet 2002 à Durban. Dans ce texte de portée régionale, les chefs d'Etat et de gouvernement de l'OUA ayant pris conscience de l'enjeu des élections démocratiques pour le développement et la stabilité du continent, ont arrêté plusieurs principes qui prônent l'organisation des élections libres, transparentes et justes :

« Les élections régulières constituent un élément clé du processus de démocratisation et elles sont, par conséquent, les éléments essentiels de la bonne gouvernance, de l'état de droit, du maintien et de la promotion de la paix, de la sécurité, de la stabilité et du développement[125] ».

Enfin, en vue de consolider les élections, la charte africaine de la démocratie prévoit un mécanisme de contrôle et d'assistance électorale. Ce mécanisme permet un contrôle rigoureux des processus électoraux, à travers l'envoi d'une mission internationale d'observation électorale soutenue par les Etats

---

doivent par ailleurs susciter l'adoption d'un code de conduite qui lierait les partis politiques, le gouvernement et les autres acteurs politiques avant, pendant et après les élections. Les facultés laissées aux États concernent en particulier les relations entre le gouvernement et la Commission, à savoir que les États parties peuvent solliciter auprès de la Commission toute l'assistance dont ils auraient besoin pour le déroulement démocratique des élections. » Voir précisément Blaise TCHIKAYA *(idem).*

[125] Déclaration sur le cadre pour une réaction de l'OUA face aux changements anticonstitutionnels de gouvernement, adoptée le 9 juillet 2002. Doc Pdf : https://www.peaceau.org/uploads/ahg-decl-5-xxxvi-f.pdf

membres, afin de vérifier que toutes les conditions sont réunies, pour la tenue des élections libres, transparentes et justes. À ce titre, l'article 19 de la Charte dispose :

« L'Etat partie informe la Commission des élections prévues et l'invite à lui envoyer une mission d'observation des élections ; et doit garantir la sécurité de la mission, le libre accès à l'information, la non-ingérence dans ses activités, la libre circulation ainsi que sa pleine coopération à la mission d'observation des élections »[126].

Au surplus, l'article 20 de la Charte précise que :

« Le président de la Commission envoie d'abord une mission exploratoire au cours de la période précédant le vote. Cette mission recueille toutes informations et documentation utile et fait au Président rapport indiquant si les conditions nécessaires sont réunies et si l'environnement est propice pour la tenue d'élections transparentes, libres et justes, conformément aux principes de l'Union régissant les élections démocratiques »[127].

Au regard de ces dispositions, l'envoi au préalable d'une mission internationale d'observation et de surveillance est indispensable, car elle permet de vérifier les conditions d'organisation d'élections libres, transparentes et justes, et de renforcer davantage la crédibilité et la fiabilité des résultats.

De plus, la Charte a établi un droit d'assistance électorale afin d'aider les pays africains à organiser des

---

[126] Voir : le Chapitre VII, art.19. §1et 2 de la charte africaine de la démocratie, des élections et de bonne gouvernance.

[127] *Ibid. Art.20.*

élections démocratiques. À cet égard, l'article 18 de la Charte dispose :

« Les Etats parties peuvent solliciter auprès de la Commission, par le truchement de l'Unité et du Fonds d'appui à la démocratie et d'assistance électorale, des services de consultations ou de l'assistance pour renforcer et développer leurs institutions et leurs processus électoraux. En outre, la Commission peut, à tout moment, en concertation avec l'Etat partie concerné, envoyer des missions consultatives spéciales pour fournir à cet Etat partie l'assistance en vue de renforcer ses institutions et processus électoraux »[128].

Cette assistance permet à l'Union de soutenir financièrement et/ou techniquement les pays africains engagés dans les processus électoraux.

En définitive, peut-on observer que la participation de l'UA à la vulgarisation des principes démocratiques et des droits de l'homme en Afrique, a mobilisé à la fois des instruments politiques et juridiques. À partir des déclarations successives des Etats membres contre les pratiques antidémocratiques, l'Union a pu élaborer un instrument juridique uniquement consacré à « l'obligatoriété démocratique » en Afrique. Ce document consacre dans l'ordonnancement juridique de l'Union, un *droit fondamental à la démocratie* que, les citoyens africains peuvent invoquer devant les juridictions nationales et régionales pour réclamer leur droit à la démocratie.

---

[128] *Ibid.Art.18.*

Toutefois, faut-il préciser que l'Union n'est pas le seul maître d'ouvrage du chantier de la démocratie et des droits de l'homme en Afrique, car certaines organisations sous-régionales, notamment la CEDEAO et la CEEAC interviennent également sur ce chantier, et en ont même fait une priorité dans leur politique communautaire respective (section 2).

Section 2 : La contribution des organisations sous-régionales africaines : les cas de la CEDEAO et de la CEEAC

L'exigence démocratique et des droits de l'homme en Afrique fut également portée par les organisations sous-régionales africaines. À l'instar de l'UA, la Communauté Economique des Etats d'Afrique de l'Ouest (CEDEAO) a mis en place un processus de normativisation de la démocratie dans son ordre juridique (paragraphe1). Quant à la Communauté Economiques des Etats d'Afrique centrale (CEEAC), elle a opté essentiellement pour la démocratie de stabilité à travers les actions opérationnelles prégnantes (paragraphe 2).

Paragraphe 1 : Le processus de normativisation de la démocratie dans l'ordre juridique de la CEDEAO

La contribution normative de la CEDEAO au processus de démocratisation africain est perceptible à travers l'élaboration d'un instrument juridique fondamental (A), qui met en avant les élections démocratiques comme l'un des objectifs de la Communauté (B).

A. La consécration de la démocratie dans l'ordre juridique de la CEDEAO

La Communauté économique des Etats de l'Afrique de l'Ouest est une organisation internationale d'intégration économique. Elle a pour but de promouvoir la coopération et l'intégration, en vue de créer une union économique, d'améliorer les conditions de vie des populations, de favoriser la croissance, et enfin de contribuer au développement du continent africain[129].

En 1975, lorsque les chefs d'Etat et de gouvernement de cette Organisation se réunissaient, ils avaient naturellement à l'esprit l'unité et le développement. C'est certainement pour cette raison que le traité de 1975 ne faisait aucune référence aux questions politiques et démocratiques, aux questions de sécurité et de paix, ainsi qu'aux questions des droits de l'homme et de l'état de droit. Les chefs d'Etat et de gouvernement ouest-africains pensèrent que la seule volonté

---

[129] Article 2, paragraphe 1 du traité constitutif de la CEDEAO : « *Le but de la Communauté est de promouvoir la coopération et le développement dans tous les domaines de l'activité économique, particulière ment dans les domaines de l'industrie, des transports, des télécommunications, de l'énergie, de l'agriculture, des ressources naturelles, du commerce, des questions monétaires et financières et dans le domaine des affaires sociales et culturelles avec pour objectif d'élever le niveau de vie de ses peuples, d'accroître et de maintenir la stabilité économique, de renforcer les relations entre ses membres et de contribuer au progrès et au développement du continent africain* ».

commune de créer une communauté économique suffirait à éluder le spectre de tout différend entre les pays.[130]

Mais très rapidement, en 1978, puis en 1989, ils furent contraints de réviser le traité, car des conflits commencèrent à apparaître dans certains Etats de l'Afrique de l'Ouest. Dans ce contexte conflictuel, il est apparu nécessaire d'intégrer dans les objectifs de la Communauté la recherche de la paix et la sécurité dans sa zone d'influence. C'est ainsi qu'à partir de 1978, furent adoptés successivement plusieurs protocoles, en vue de prévenir les conflits armés et promouvoir la paix dans la Région. Il s'agit entre autres du Protocole de non-agression adopté en 1978, le Protocole d'assistance mutuelle en matière de défense adopté en 1995, enfin, le Protocole sur le mécanisme de prévention, de gestion, de règlement des conflits, de maintien de la paix et de la sécurité adopté en 1999.[131]

Malheureusement, ces instruments n'ont produit aucun effet substantiel quant à l'éradication des conflits armés intraétatiques et asymétriques qui écumèrent le continent jusqu'au début des années 2000. Au contraire, certains pays de la zone tels que la Côte d'Ivoire, le Liberia, la Serra-Léon ont plongé dans des guerres civiles qui, empêchèrent l'évolution du processus de démocratisation dans cette partie de l'Afrique. À cet

---

[130] Oumar DIARRA, *La construction de la paix et de la démocratie en Afrique de l'Ouest : la CEDEAO et le protocole additionnel sur la démocratie et la bonne gouvernance dans la construction de la paix et la démocratie,* actes, novembre 2005, p.64.

[131] *Ibid, p.65.*

égard, professeur Abdoulaye Bathily fait un constat dubitable en soulignant, « qu'à l'exception de la zone des Grands Lacs avec le génocide au Rwanda, le processus de démocratisation a connu plus de tumulte en Afrique de l'Ouest que partout ailleurs sur le continent africain. En effet, cette région a enregistré au cours des deux dernières décennies, les conflits les plus longs et les plus sanglants. Au Libéria, en Sierra Leone, en Guinée-Bissau, en Côte d'Ivoire, le processus de démocratisation se déroule dans un contexte de guerre civile, aux conséquences dévastatrices dans tous les domaines de la vie des populations. Sans oublier le Sénégal, notamment la Casamance qui connait depuis 1982, une rébellion que les autorités ont eu de la peine jusqu'ici à juguler (...) »[132].

Cette situation plongea le processus de démocratisation dans une fosse abyssale – si bien qu'elle suscita une réaction de la part de la Communauté. Ainsi, ayant tiré les leçons des échec successifs, et surtout des conséquences négatives de ces nombreuses crises pour l'avancée de la démocratie, les chefs d'Etat et de gouvernement décident enfin de codifier les règles de la démocratie dans l'ordre juridique de la CEDEAO. C'est ainsi qu'en 2001 fut adopté un Protocole additionnel sur la Démocratie et la Bonne Gouvernance (PADBG). Celui-ci est dit « additionnel » parce que c'est une partie intégrante du Protocole sur le mécanisme de

[132] Abdoulaye BATHILY., *La construction de la paix et de la démocratie en Afrique de l'Ouest : la démocratie en Afrique de l'ouest : état des lieux*, actes, nov.2005, p.25.

prévention, de gestion, de règlement des conflits, de maintien de la paix et de la sécurité[133]. Qu'il s'agisse de la démocratie ou de la bonne gouvernance, ces deux concepts sont abordés en termes de prévention et de promotion d'une paix durable.

Le protocole additionnel sur la démocratie et la bonne gouvernance traite essentiellement des élections, car celles-ci constituent le baromètre de la démocratie. C'est à travers elles que le peuple s'exprime, que l'alternance s'organise. C'est pourquoi, dès le premier chapitre, sont rappelés les principes de base de la démocratie et les critères de convergence constitutionnel[134] - qui sont en réalité des principes universellement

---

[133] « En 1993 déjà (tirant les leçons de son expérience assez heureuse au Libéria et au Sierra Leone), à la faveur du traité de 1975, la CEDEAO a décidé d'inclure la prise en charge de la dimension politique de l'intégration et d'instituer le principe de la supranationalité. Ce qui implique que les instruments régionaux s'imposent désormais à la fois aux Etats et aux instruments nationaux. Se référant à l'article 58 de son traité, la Communauté a décidé de mettre en place un système de sécurité collective prenant en compte la dimension globale des conflits. En 1999, en application des dispositions de ce traité, la CEDEAO a adopté le Protocole sur le Mécanisme de prévention, de gestion, de règlement des conflits, de maintien de la paix et de la sécurité. C'était là une avancée sans précédent : un protocole qui prenait en charge l'ensemble des dimensions des conflits, à commencer par la prévention, la résolution des conflits, l'assistance humanitaire, la consolidation de la paix, la sécurité régionale. Anticipant les difficultés de ratification de ce Protocole, les chefs d'Etat ont décidé de son entrée en vigueur immédiate à sa signature ; alors que les dispositions de la CEDEAO prévoient que les instruments doivent être ratifiés par au moins 9 Etats membres pour entrer en vigueur. »Voir : .Oumar DIARRA, (*idem*).

[134] « Ces critères proviennent pour certains de l'influence des anciennes puissances coloniales, car nos Constitutions reflètent souvent des aspects de ce lien historique. Par ailleurs, certaines de nos Constitutions datent de la période des indépendances et ne prennent, de ce fait, pas en compte des normes universellement admises aujourd'hui. Ainsi, au niveau de la CEDEAO, de la même façon qu'il existe des critères de convergence économique, nous avons jugé nécessaire de fixer des critères de convergence constitutionnels. L'objectif poursuivi étant de faire en sorte que ces normes

reconnus comme tels, à savoir : la séparation des pouvoirs ; l'indépendance du Parlement et de la Justice ; la laïcité dans l'Etat, la liberté d'association et de presse ; le rôle de l'armée dans une société démocratique, le rôle des femmes et des jeunes ainsi que le rôle du dialogue social[135].

En outre, le Protocole additionnel fixe les conditions d'accession au pouvoir d'Etat. Ainsi, selon l'article 1 (b) du Protocole :

« Toute accession au pouvoir doit se faire à travers des élections libres, honnêtes, et transparentes »[136].

Le principe d'élections périodiques et honnêtes consacré dans la déclaration universelle des droits de l'homme de 1948, ainsi que dans le Pacte international des droits civils et politiques de 1966, transposé dans la Charte africaine de la démocratie, des élections et de bonne gouvernance de l'UA, est ainsi reconnu et proclamé dans le droit communautaire.

L'affirmation de ce principe universellement reconnu dans le protocole sur la démocratie et la bonne gouvernance, marque une avancée majeure – et partant, constitue un moyen efficace de lutte contre les pratiques antidémocratiques qui affleurent en Afrique de l'Ouest depuis le début du XXIe siècle. À cet effet, le point c de l'article 1er interdit tout changement

---

universellement reconnues puissent être reflétées et incorporées dans les Constitutions de chacun des Etats membres. Il s'agit donc d'harmoniser nos Constitutions vers des valeurs communes. » Voir précisément Oumar DIARRA., *op.cit.* p.66-67.

[135] Voir : Le Protocole Additionnel de la CEDEAO sur la démocratie et la bonne gouvernance de 2001.

[136] Voir : Article 1 du Protocole.

anticonstitutionnel de gouvernement ainsi que tout mode non-démocratique d'accession au pouvoir. En choisissant les élections comme mode privilégié d'accession au pouvoir d'Etat, les Etats membres de la CEDEAO ont souhaité bannir de leur coopération toute pratique inconstitutionnelle qui nuirait à la bonne marche de la démocratie. Il s'ensuit qu'en dehors du cadre électoral, aucune autre forme d'accession au pouvoir n'est admise par la Communauté.

Par ailleurs, la consécration du principe des élections libres, honnêtes et transparentes dans l'ordre juridique de la CEDEAO ouvre la voie à la transposition du principe « sacrosaint » des élections périodiques et honnêtes dans l'ordre juridique interne des Etats membres – étant donné que l'article 3 du traité instituant la CEDEAO prône la primauté du droit communautaire :

« Les Etats Membres ne ménagent aucun effort pour planifier et orienter leurs politiques en vue de réunir les conditions favorables à la réalisation des objectifs de la Communauté ; en particulier, chaque Etat Membre prend toutes mesures requises afin d'assurer l'adoption des textes législatifs nécessaires à l'application du présent Traité »[137].

Au regard de toutes ces considérations, il convient de noter que le Protocole additionnel de la CEDEAO sur les élections et la bonne gouvernance, est un instrument pertinent pour la vulgarisation des principes démocratiques en Afrique de l'Ouest. Car, au-delà de

[137] Voir : Article 3 du traité instituant la CEDEAO en 1975.

l'interdiction des pratiques antidémocratiques, le Protocole met en avant l'organisation des élections périodiques et honnêtes, comme un mode *sui generis* d'accession au pouvoir d'Etat.

B. L'organisation des élections démocratiques : l'objectif majeur de la CEDEAO

L'adoption d'un protocole additionnel sur la démocratie et la bonne gouvernance en 2001 a favorisé l'ordonnancement juridique de la démocratie dans le droit communautaire. A travers cet instrument juridique « contraignant » pour les Etats Parties, la CEDEAO fait de la démocratie son chantier privilégié, et invite ses Etats membres à opérer des réformes unilatérales en vue de faciliter la transposition des normes démocratiques dans leurs ordres constitutionnels respectifs. Au surplus, conformément au Protocole, et à la demande des Etats, la CEDEAO peut intervenir directement dans les processus électoraux nationaux de ses Etats membres, sans le risque d'ingérence ou d'atteinte à leur souveraineté.

Concrètement, le protocole additionnel traite essentiellement des questions électorales. Il met en place tout un corps de règle juridique qui régit l'organisation, le déroulement et le dénouement du processus électoral. D'abord, à travers les principes de convergence constitutionnel cités plus haut, le Protocole récuse toute forme illégale ou antidémocratique d'accession au pouvoir, et privilégie l'organisation des élections libres, honnêtes et transparentes comme mode démocratique pour y accéder. Craignant ainsi les changements anticonstitutionnels de gouvernement en tant que sources de violences et d'instabilités démocratiques, l'article 45 du Protocole donne plein pouvoir à la conférence des Chefs d'Etat et de gouvernement de la Communauté, de prononcer des sanctions à l'encontre des Etats concernés par les pratiques antidémocratiques, en cas de rupture de la démocratie de quelque procédé que ce soit, et en cas de violation massive des droits de la personne. Pour la première fois, l'exigence démocratique est conciliée avec les droits de l'homme dans le cadre de la CEDEAO.

Ces sanctions peuvent prendre diverses formes. Elles peuvent concerner le refus de soutenir les candidatures présentées par l'Etat membre concerné à des postes électifs dans les organisations internationales. En outre, elles peuvent concerner la suspension de l'Etat concerné de toutes les instances de la CEDEAO[138]. C'est dans ce sens que le Mali et le Burkina Fasso ont été respectivement sanctionnés en 2021 et

---

[138] Voir : Article 45 du Protocole Additionnel, A/SP1/12/01 : *« En cas de rupture de la Démocratie par quelque procédé que ce soit et en cas de violation massive des Droits de la Personne dans un Etat membre, la CEDEAO peut prononcer à l'encontre de l'Etat concerné des sanctions. 2) Lesdites sanctions à prendre par la Conférence des Chefs d'Etat et de Gouvernement peuvent aller par graduation : Refus de soutenir les candidatures présentées par l'Etat membre concerné à des postes électifs dans les organisations internationales ; Refus de tenir toute réunion de la CEDEAO dans l'Etat membre concerné ; Suspension de l'Etat membre concerné dans toutes les Instances de la CEDEAO ; pendant la suspension, l'Etat sanctionné continue d'être tenu au paiement des cotisations de la période de suspension. 3) Pendant ladite période, la CEDEAO continuera de suivre, d'encourager et de soutenir tout effort mené par l'Etat membre suspendu aux fins de retour à la vie institutionnelle démocratique normale. »*

2022, lors des coups d'Etat successifs qui ont conduit des militaires au pouvoir. Ainsi, en vertu de l'article 45 du Protocole, les chefs d'Etat et de gouvernement de la CEDEAO ont condamné ces coups de force inconstitutionnels, et ont suspendu le Mali et le Burkina Fasso des institutions communes. Le Mali écopera en outre, d'un embargo économique.

Par ailleurs, au-delà du rejet de toute forme anti-démocratique d'accession au pouvoir, le protocole additionnel définit le cadre juridique de l'organisation des élections. En effet, aux termes de l'article 2 paragraphe1 du Protocole :

« Aucune réforme substantielle de la loi électorale ne doit intervenir dans les six (6) mois précédant les élections, sans le consentement d'une large majorité des acteurs politiques »[139]. Le paragraphe suivant précise que *« les élections à tous les niveaux doivent avoir lieu aux dates ou périodes fixées par la Constitution ou les lois électorales »*.

Ces deux dispositions s'inscrivent, semble-t-il, dans la dynamique de la prévention des conflits post-électoraux très souvent occasionnés par des mouvements de contestation électorale – d'où l'exigence d'une concertation commune et inclusive entre les autorités gouvernementales, les organes chargés d'organiser les élections, les partis politiques et la société civile, afin d'élucider toutes les questions portant sur la modification ou le renforcement de la loi électorale. Par exemple en Côte d'Ivoire, pendant la période électorale

---

[139] Voir : Art.2§1 du protocole de la CEDEAO sur la démocratie et la bonne gouvernance de 2001.

d'octobre 2020, la CEDEAO a invité les acteurs politiques ivoiriens (y compris les autorités gouvernementales) à organiser une concertation nationale pour définir les conditions de participation aux élections, en vue de prévenir d'éventuels contestations des résultats – pouvant conduire à une nouvelle crise post-électorale.

En outre, le Protocole additionnel recommande l'indépendance des organes chargés d'organiser les élections,[140]et par la même, invite les Etats à prendre toutes les mesures nécessaires pour favoriser la participation actives des femmes à la vie politique – de sorte que les femmes aient le droit de voter et de participer à la gestion des affaires publiques au même titre que les hommes.[141] Ainsi, assiste-on à l'affirmation du principe d'égalité entre l'homme et la femme en matière électorale et dans la gestion des affaires publiques. Cela dénote une avancée majeure pour la Communauté, et surtout pour cette partie de l'Afrique où la garantie des droits de la femme (en matière électorale) était jusqu'ici problématique.

Outre ces conditions fondamentales, le protocole additionnel met en place un mécanisme de contrôle et de surveillance du processus électoral par la CEDEAO.

---

140 Voir : Article 3 du protocole A/SP1/12/01 : « *Les organes chargés des élections doivent être indépendants et/ou neutres et avoir la confiance des acteurs et protagonistes de la vie politique. En cas de nécessité, une concertation nationale appropriée doit déterminer la nature et la forme desdits Organes.* »

141 V : Article 2 § 3 du protocole A/SP1/12/01 : « *Les Etats membres prendront les mesures appropriées pour que les femmes aient, comme les hommes, le droit de voter et d'être élues lors des élections, de participer à la formulation et à la mise en œuvre des politiques gouvernementales et d'occuper et de remplir des fonctions publiques à tous les niveaux de l'Etat.* »

En effet, l'article 12 du Protocole permet à la Communauté d'intervenir directement dans le processus électoral en cours dans chaque Etat membre pour y apporter aide et assistance aux entités étatiques et internationales chargées d'organiser les élections :

« 1) À la demande de tout Etat membre, la CEDEAO peut apporter aide et assistance à l'organisation et au déroulement de toute élection. 2) Cette aide ou assistance peut s'effectuer sous n'importe quelle forme utile. 3) De même, la CEDEAO peut envoyer dans le pays concerné une mission de supervision ou d'observation des élections. 4) La décision en la matière est prise par le Secrétaire Exécutif »[142].

Ces dispositions prévoient que la CEDEAO doit apporter assistance et aide aux Etats membres, qui organisent des élections. Ces aides peuvent prendre la forme de mission d'information, de mission de sensibilisation ou de mission d'observation. Pratiquement, quelque mois avant les élections, la Communauté peut envoyer une mission sur le terrain à la rencontre de tous les acteurs électoraux (les commissions électorales, les partis politiques, la société civile, les candidats, les ONG), qui contribuent de près ou de loin au bon déroulement du processus électoral. Au terme de sa mission, la Mission d'information fait un rapport au Conseil de médiation et de sécurité (l'équivalent du Conseil de Sécurité) de la CEDEAO qui comprend 9 Etats membres. C'est sur la base de ce rapport que la CEDEAO peut décider ou non de l'envoi d'une mission

---

[142] Art 12 du protocole, *op.cit.*

d'assistance ou peut prendre toute autre mesure utile pour garantir la tenue des élections libres, transparentes et justes.[143]

Ce mécanisme de contrôle se manifeste également par l'envoi d'une mission d'observation auprès des Etats membres pour s'assurer de la bonne organisation et du bon déroulement des scrutins. Ainsi, sur la base des articles 12, 13, 14, 16 et 17 du Protocole, la CEDEAO peut envoyer une mission d'observation et de surveillance électorale à l'approche des élections dans un Etat membre. Cette mission d'observation ou de supervision mandatée par le secrétaire exécutif de la CEDEAO, a pour mission principale d'assister les autorités locales dans l'organisation des échéances électorales, d'observer et de surveiller le déroulement des scrutins, et de rendre compte des irrégularités recensées pendant le processus.

Cependant, il importe de préciser que ces observateurs sont principalement des acteurs de la société civile et étatique. Ils sont indépendants et libres de leurs opinions. En septembre 2018, à l'occasion des élections législatives au Togo, la CEDEAO a envoyé une mission d'assistance électorale et d'observation des élections dans le pays. Cette mission composée de deux experts électoraux et vingt observateurs, avait pour responsabilité principale d'aider la commission électorale national indépendante (CENI), afin que celle-

[143] Oumar DIARRA., *op.cit. p.67-68.*

ci poursuive ses travaux en vue du scrutin législatif de décembre[144].

Enfin, faut-il ajouter que l'organisation des élections libres, transparentes, honnêtes et crédibles passe aussi par la mise en place des règles de conduite pour assurer la crédibilité du verdict des urnes. À cet effet, la CEDEAO exige toujours l'adoption d'un code de conduite approuvé par les parties avant les échéances électorales. Aux termes de ce code, les candidats doivent s'engager à respecter le verdict des urnes, à éviter l'auto-proclamation des résultats (exemple du Togo, de la Guinée-Bissau, etc.) –car, ces pratiques sont des sources de violence et de conflit en période électorale. Ainsi, elles mettent en danger la paix et la cohésion sociale, en raison du climat de confusion qu'elles font naître au sein des militants.[145]

En somme, il convient de noter que la CEDEAO joue un rôle fondamental dans la construction de la paix et la démocratie en Afrique de l'Ouest. Ce rôle éminent fait de l'Organisation un acteur majeur la vulgarisation des principes démocratiques sur le continent africain – si bien qu'elle est devenue une source d'inspiration pour d'autres organisations sous-régionales africaines comme la Communauté Economique des Etats d'Afrique centrale (paragraphe 2).

---

[144] Voir : Le site officiel de la République Togolaise.
[145] *Ibid.*

Paragraphe 2 : Le rôle de la CEEAC dans la promotion des principes démocratiques en Afrique centrale

Tout comme la communauté économique des Etats d'Afrique de l'Ouest, la Communauté Economique des Etats d'Afrique centrale (CEEAC) est également engagée dans la promotion des principes démocratiques en Afrique centrale. Même si, au départ, la notion de démocratie était absente de ses textes fondateurs (A), l'Organisation a su combler ce retard à travers la pratique de la « démocratie de stabilité » en Afrique Centrale (B).

A. La consécration tardive de la démocratie dans les textes fondateurs de la CEEAC

La Communauté économique des Etats d'Afrique centrale est une organisation internationale d'intégration économique régionale créée en 1983 par les Chefs d'Etat et de gouvernement de l'Afrique centrale.[146]Elle a pour but de promouvoir et de renforcer

---

[146] Pour Maurice KAMTO : « Par sa résonance magique, le mot communauté exerce sur les collectivités humaines un pouvoir de séduction. Envisagée sous l'angle du processus d'intégration économique, l'idée trouve un réel engouement dans le Tiers-Monde, et en particulier en Afrique. L'explication existe : les Etats africains avaient devant eux, en accédant à la vie internationale l'expérience prometteuse de la Communauté économique européenne (CEE). En se lançant la première dans la voie ouverte par l'Europe communautaire, l'Amérique latine avait donné la preuve que l'expérience européenne pouvait se transplanter dans les régions sous-développées. L'Afrique indépendante ne tarda pas à suivre le mouvement d'autant plus qu'elle croyait pouvoir y trouver les ressources nécessaires à l'unification continentale, dès lors que le rêve politique porté par le panafricanisme n'avait pu se réaliser. » Voir précisément Maurice KAMTO., « La

une coopération harmonieuse, un développement équilibré et autoentretenu dans tous les domaines de l'activité économique et sociale.[147]Selon Maurice KAMTO, « il fallait à l'Afrique centrale une structure d'intégration économique regroupant tous les Etats relevant géographiquement de cette sous-région, et l'union douanière et économique de l'Afrique centrale (UDEAC) tout comme la communauté économique des pays des grands lacs (CEPGL) n'étaient que des structures partielles. La CEEAC dont l'entrée en fonctionnement effectif a eu lieu en 1985 vient donc jeter un pont entre ces deux fractions de l'Afrique centrale »[148]. La création de la CEEAC, devint alors un facteur pertinent d'unification des Etats et de consolidation de la paix à travers l'intégration économique.[149]

Par ailleurs, il importe de préciser que contrairement à l'Union africaine et à la CEDEAO, la CEEAC ne dispose d'aucun instrument juridique régissant la démocratie et la bonne gouvernance. Dans le traité de 1983 instituant l'Organisation, aucune disposition évoquait expressément la gouvernance démocratique et les droits de l'homme. Cet instrument purement économique, se contentait d'affirmer l'attachement de la Communauté aux principes du droit international tels que, la souveraineté et la non-ingérence, sans toutefois évoquer la question de la démocratie. On pourrait

---

communauté économique des états d'Afrique centrale », *AFDI, Persée*, n°33, 1987, p.839-862.

[147] Voir : Article 4 du traité instituant la CEEAC en 1983.

[148] Maurice KAMTO., *op.cit.*

[149] *Ibid.*

croire que l'abstraction faite de la démocratie était certainement due au contexte de la guerre froide, où les questions démocratiques n'étaient guère une priorité pour des Etats, et encore moins lorsqu'elles concernaient directement l'organisation politique interne de ces derniers.

Cependant, au milieu des années 90, le vent de la démocratie souffla également en direction de l'Afrique centrale. Les dirigeants de cette partie de l'Afrique décidèrent enfin de prendre part au processus démocratique qui gagnait du terrain en Afrique, sans parvenir à des résultats concrets. Finalement, ce n'est que le 18 décembre 2019, lors du sommet extraordinaire de Libreville (Gabon), que les chefs d'Etat et de gouvernement de l'Organisation intègrent dans le traité révisé, les questions démocratiques et de bonne gouvernance. Le chef de la mission de *United Nations office in Central Africa (*UNOCA) affirmait à son temps que, « la signature du Traité révisé de la CEEAC marque un jalon important dans le processus d'institution d'une Communauté économique régionale plus dynamique et disposant d'outils adaptés aux défis qu'elle est appelée à relever. Je me réjouis de ce que la réforme accorde une place de choix au rôle de la femme et de la jeunesse, à la gouvernance démocratique, aux droits de l'homme, à la protection de l'environnement, ainsi qu'à la gestion des ressources naturelles, en créant ou en renforçant les structures dédiées à ces questions. C'est un développement que nous saluons, tant pour les moyens actuellement consacrés à ces thématiques importantes pour la gouvernance, que pour le développement durable et la stabilité ».[150]

L'apparition de la démocratie dans le traité révisé traduit ainsi la volonté souveraine des Chefs d'Etat et de gouvernement de faire de la démocratie, le système de gouvernance idéal pour les Etats d'Afrique centrale. À cet effet, les considérants 5 et 13 du préambule affirment successivement, « *l'attachement des Etats aux principes de liberté, de démocratie, de respect des droits de l'Homme et des libertés fondamentales et de l'État de droit* »[151], et l'engagement des Etats *« à promouvoir une culture démocratique forte par l'organisation d'élections libres, transparentes et régulières, le respect des droits de l'homme et de l'Etat de droit, la lutte contre la corruption et l'impunité, ainsi que l'élaboration des politiques de promotion du développement durable essentiels à la sécurité collective, à la paix et à la stabilité de la Région »*.[152]

Par ces considérants, la Communauté afficha ouvertement sa préférence pour un régime démocratique, caractérisé par l'organisation d'élections libres, transparentes et régulières, et le respect des droits de l'homme. Le principe d'élections honnêtes et régulières est venté comme instrument de légitimation du pouvoir politique en Afrique centrale. Autrement dit, aucune autre forme d'accession au pouvoir, en dehors des élections, n'est admise par la CEEAC.

---

[150] V : Extrait de l'allocution du chef de l'UNOCA après le sommet extraordinaire de la communauté économique des Etats d'Afrique centrale, interface, n°55.oct.nov.dec.2019.

[151] V : Considérant 5 du traité révisé de la CEEAC, le 18 décembre 2019.

[152] V : article 13 du traité révisé de la CEEAC.

Cela implique également le rejet de tout changement anticonstitutionnel d'un gouvernement démocratiquement élu, ainsi que le recours à tout moyen antidémocratique pour accéder au pouvoir d'Etat. La démocratie et la bonne gouvernance deviennent alors, des principes substantiels que la Communauté doit promouvoir dans toute l'Afrique centrale[153].

Ainsi, contrairement au traité de 1983 instituant la CEEAC, le traité révisé de 2019 accorde une place prépondérante à la démocratie, aux droits de l'homme et à l'état de droit. Ses nouvelles dispositions intègrent la démocratie, la bonne gouvernance et l'état de droit dans les objectifs primaires de la CEEAC – favorisant ainsi, l'intervention directe et légitime de la Communauté dans l'organisation politique interne de ses Etats membres, à travers la pratique de la « démocratie de stabilité ».

---

[153] V : Article 3 du traité révisé de la CEEAC le 18 décembre 2019 *: « Les hautes parties contractantes, dans.la poursuite des objectifs énoncés à l'article 4 du présent traité, s'engagent à respecter les principes fondamentaux suivants : c) des principes démocratiques garantissant l'Etat de droit, les élections libres et transparentes la responsabilité des gouvernants et des titulaires des charges publiques, le respect des droits de l'Homme et des libertés fondamentales, conformément à la Déclaration Universelle des Droits de l'Homme, à l'acte constitutif de l'Union Africaine, à la Charte Africaine des Droits de 1'Homme et des Peuples, à la Charte Africaine de la Démocratie, des élections et de la Gouvernance et aux autres instruments internationaux et africains pertinents ; d) de bonne gouvernance, notamment la transparence dans la gestion des ressources communautaires, la lutte contre la corruption et les situations de conflit d'intérêt. »*

B. La pratique de la démocratie de stabilité dans le cadre de la CEEAC : vers un objectif de paix et de bonne gouvernance en Afrique centrale

D'entrée de jeu, il est impérieux de préciser que, même si le traité révisé de la CEEAC consacre les principes démocratiques et la bonne gouvernance, l'Organisation ne dispose toujours pas d'instrument juridique spécifique lui permettant de lutter efficacement contre la mauvaise gouvernance et l'instabilité démocratique[154].

Le chantier de la démocratie et de la bonne gouvernance est laissé à la charge du Conseil de paix et de sécurité de l'Afrique centrale (COPAX)[155]. Créé le 25

[154] « En général, les organisations internationales manifestent leur intérêt à la question de la démocratie à travers l'adoption d'instruments juridiques. Ces derniers exposent notamment la conception de la démocratie adoptée par et engageant les Etats membres. Tel n'est pas le cas de la CEEAC qui, néanmoins, laisse émerger sa conception à travers sa pratique. Autrement dit, la CEEAC agit en faveur de la démocratie à travers une diversité de pratiques. Celles-ci suggèrent plusieurs déclinaisons de la légitimité démocratique, en liaison à la stabilité politique, aux accords politiques, à l'observation électorale et à la gouvernance transitoire. Dans cette optique, la CEEAC représente un véritable support de la doctrine démocratique. » Voir Arsène TCHAGNA., « Brève vue sur les déclinaisons de la démocratie dans la pratique de la communauté économique des Etats d'Afrique Centrale », *Revue Libre de Droit*, 2017, p.46-56.

[155] Le conseil de paix et de sécurité de l'Afrique centrale (COPAX) est un forum de dialogue sur les questions de paix et de sécurité et un organe de décision pour les Etats-membres de l'espace CEEAC en matière sécurité et de gestion des conflits. La structure du COPAX avait été inspirée du mécanisme pour la prévention, la gestion et le règlement des conflits et le maintien de la paix et de la sécurité de la Communauté économique des Etats d'Afrique de l'Ouest (CEDEAO). En théorie, le COPAX vise la réalisation d'une paix durable et englobe des éléments de réponse aux causes profondes des conflits dans cette sous-région. Parmi ces causes profondes, on trouve, entre autres, les violations des droits de l'homme, le déficit de démocratie, le refus de l'alternance au pouvoir, l'utilisation des ethnies à des

février 1999, par le protocole sur le conseil de paix et de sécurité de la CEEAC – adopté par les chefs d'Etat et de gouvernement lors de la conférence de Malabo (Guinée Equatorial), le COPAX est devenu aujourd'hui l'organe incontournable de la promotion de la « paix démocratique » en Afrique Centrale.

Le protocole relatif au conseil de paix et de sécurité de la CEEAC comporte des dispositions relatives aux droits de l'homme et à la démocratie. Ces dispositions servent de fondement juridique à l'intervention de la COPAX dans l'organisation politique interne des Etats membres de la CEEAC, et ce, à travers des missions de maintien de paix et de sécurité. En effet, l'article 3 portant sur les principes, énonce succinctement l'attachement des Etats membres de la CEEAC à la protection des droits fondamentaux de la personne, ainsi qu'à la promotion et à la consolidation des institutions démocratiques.[156] Bien que ces dispositions semblent établir le fondement de la légitimité démocratique dans les instruments juridiques de la CEEAC, c'est dans la conduite des opérations de maintien de la paix sous l'autorité du COPAX, que les contours de la démocratie

---

fins de conquête du pouvoir politique et du contrôle des ressources économiques, la mauvaise gouvernance et les inégalités sociales. Sa création en 1999, montre la volonté manifeste des Etats de l'Afrique centrale de faire face à la conflictualité qui hante la sous-région et affecte son processus de développement. En dépit de cette volonté, depuis près de quinze ans, on assiste à une récurrence des conflits et à une montée grandissante de la criminalité sous toutes ses formes. Voir à ce propos *Cyr* Revelli MBA ABESSOLO., *Les instruments de la copax face aux enjeux sécuritaires en Afrique centrale,* mémoire de recherche, université Omar Bongo, 2014.

[156]V : L'art.3 du protocole sur le conseil de paix et de sécurité en Afrique centrale de la CEEAC (COPAX).

de stabilité sont vraisemblablement esquissés, comme il en a été le cas pour la mission de consolidation de la paix en République centrafricaine (MICOPAX).[157]

Établie le 12 juin 2008, la MICOPAX s'est vue confier plusieurs missions, afin de répondre à l'instabilité politique en Centrafrique. D'abord, par une décision de 2010, les Chefs d'Etat et de gouvernement de la CEEAC ont donné mandat à la MICOPAX I de rétablir la sécurité en Centrafrique, afin de consolider la paix et la démocratie ; de veiller au respect des droits de l'homme, et assurer l'organisation d'élections démocratiques dans le pays. C'est dans ce contexte qu'en janvier 2011, lors des élections présidentielles et législatives en Centrafrique, la Mission joua un rôle décisif et inclusif dans l'organisation de ces élections – même si la contestation des résultats par l'opposition entraîna un nouveau cycle de violence, débouchant sur le coup d'Etat du 22 mars 2013, qui évinça le président

[157] La Mission de consolidation de la paix en Centrafrique (MICOPAX) est une mission de la Force Multinationale des Etats d'Afrique Centrale (FOMAC), sous l'égide de la Communauté Économique des États de l'Afrique Centrale (CEEAC), bénéficiant du soutien financier et logistique de l'Union Européenne et de la France pour assurer la sécurité des populations de la République Centrafricaine. Mise en place le 12 juillet 2008, elle a pris fin le 15 décembre 2013. Elle a été créée pour remplacer la force multinationale en Centrafrique (FOMUC), sous l'égide de la CEMAC fondée le 2 octobre 2002. La MICOPAX a joué un rôle mineur lors de la deuxième guerre civile de Centrafrique en 2012. Lors de la troisième guerre civile de Centrafrique, débutée en 2013, les forces de la MICOPAX ont joué un rôle de protection des civils pendant la bataille de Bossangoa. La MICOPAX prend fin le 15 décembre 2013, remplacée par la Mission Internationale de soutien à la Centrafrique sous conduite africaine (MISCA), pilotée par l'Union Africaine, qui sera à son tour remplacée par la Mission multidimensionnelle des Nations Unies pour la stabilisation en Centre Afrique (MINUSCA) le 15 septembre 2014. Voir : https://www.frwiki.org/wiki/Force_Multinationale_des_%C3%89tats_d%27Afrique_Centrale

François BOZIZE. En réaction à la rupture de la démocratie, la CEEAC décida le 18 avril 2013 de l'envoi d'une deuxième mission de consolidation de la paix en Centrafrique (MICOPAX II). Impuissante, celle-ci sera remplacée par la mission internationale de soutien à la Centrafrique (MISCA).

La MICOPAX a contribué à l'émergence de la gouvernance démocratique en Afrique centrale – et partant, a permis de concilier l'exigence démocratique avec la recherche de la paix et la sécurité. Ainsi, la démocratie de stabilité observée dans la pratique de la CEEAC à travers son appareil de sécurité (le COPAX), constitue un laboratoire d'expérimentation de la légitimité démocratique en Afrique centrale, en dehors d'un instrument juridique approprié[158].

Par ailleurs, au-delà des actions de la COPAX, la CEEAC contribue également à l'émergence des principes démocratiques en Afrique centrale à travers ce qu'Arsène TCHAGNA appelle « la démocratie de participation ». Selon l'auteur, « la démocratie de participation est la déclinaison la plus classique ressortant de la pratique de la CEEAC. Elle se manifeste notamment par la contribution de l'organisation sous régionale à l'organisation d'élections démocratiques, afin de garantir l'implication équitable des différents acteurs électoraux »[159]. La démocratie de participation se manifeste généralement par l'observation des élections, qui vise à contrôler la participation effective et équitable des

[158] Arsène TCHAGNA., *op.cit.*
[159] Ibid.

citoyens, ainsi que des partis politiques au processus électoral. C'est un véritable mécanisme de contrôle international qui permet de garantir aux citoyens des élections libres, honnêtes et transparentes.

À cette fin, une unité d'appui électoral a été créée au sein du secrétariat général pour soutenir les Etats membres de la CEEAC engagés dans les processus électoraux. Depuis sa création en 2005, cette unité a fondamentalement contribué à l'organisation et à la surveillance des élections dans plusieurs pays de la sous-région, notamment en Centrafrique, au Tchad et en RDC. Le 21 mars 2021, elle a été mise à contribution lors des élections présidentielles en République Démocratique du Congo, à travers l'envoie d'une mission internationale d'observation, en vue d'accompagner le processus électoral congolais[160]. Ainsi, peut-on considéré à juste titre que, l'observation électorale mise en place par la CEEAC constitue le pilier essentiel de la démocratie de participation pratiquée par l'Organisation.

En définitive, il convient de retenir que les organisations internationales et régionales africaines ont fondamentalement contribué à l'émergence de la démocratie et des droits de l'homme en Afrique. Leur implication a favorisé dans certains pays, des modifications du droit interne, en vue d'intégrer les normes relatives à la démocratie et aux droits de l'homme. Par exemple, dans certains Etats comme le Sénégal, la Côte

[160] Arsène TCHGNA., *op.cit.*

d'Ivoire, la Centrafrique, le Mozambique, l'Algérie, le principe d'organisation d'élections périodiques et honnêtes ainsi que le droit de vote, sont devenus des normes fondamentales dans l'ordre constitutionnel.

Cependant, malgré ces avancées significatives, l'ambition démesurée de démocratiser les systèmes politiques africains se heurte aujourd'hui à une mare d'obstacles, qui met en exergue les insuffisances du processus démocratique – et partant, exigence que l'on propose des perspectives pour sortir le continent de l'impasse **(deuxième partie).**

DEUXIEME PARTIE

Les insuffisances et les perspectives

De prime abord, il est impérieux de reconnaître que le processus de démocratisation africain porté par la communauté internationale et les mouvements nationaux africains, a amorcé des avancées notables. Depuis les années 90, le nombre d'élections présidentielles ou législatives organisées sur le continent a considérablement décuplé. Le droit de votre s'est largement rependu dans les consciences africaines et les populations prennent part régulièrement aux échéances électorales. Aussi, faut-il noter, une acceptation générale du principe de l'organisation d'élections libres et transparentes à intervalles réguliers. Le citoyen africain se trouve dès lors conforté dans son droit de choisir ou de sanctionner les dirigeants au moyen de sa carte d'électeur. Il n'est donc pas nécessaire de recourir à la violence ou à la désobéissance civile pour exprimer sa désapprobation. L'échéance électorale lui permet, en effet, d'exprimer sa citoyenneté, de demander des comptes aux gouvernants et d'exiger la prise en charge de ses aspirations.

En outre, l'éclosion du multipartisme insufflée par le vent de la démocratie, a donné naissance à plusieurs partis politiques, qui compétissent concurremment pour la conquête du pouvoir d'Etat – favorisant ainsi le pluralisme politique – en tant que condition substantielle de la démocratie libérale. En effet, le postulat de la démocratie libérale suppose que le peuple choisisse librement ses gouvernants. Or il n'y a de choix que si l'on peut se déterminer entre plusieurs possibilités ou plusieurs combinaisons possibles. La démocratie libérale postule donc, la diversité, le pluralisme politique, la non-discrimination, la liberté d'opinion, la garantie des droits humains, y compris les droits démocratiques. Aujourd'hui, presque toutes les constitutions africaines consacrent la liberté de créer des partis et le multipartisme intégral. Cette reconnaissance du multipartisme s'est immédiatement traduite par une explosion du nombre exponentiel des partis politiques sur le continent depuis les années 90.

Enfin, à partir de l'exigence démocratique, le droit international et ses acteurs ont su imposer aux Etats africains le respect des droits et liberté des citoyens qui participent aux votes. La démocratie est devenue le canal par lequel transitent les droits humains pour pénétrer dans les constitutions africaines – elle constitue un cadre idéal pour la garantie des droits fondamentaux de l'individu en Afrique.

En revanche, malgré ces avancées significatives, peut-on observer amèrement que, la démocratie et les droits de l'homme peinent à devenir des valeurs effectives dans les sociétés africaines. La démocratie est présente dans les institutions, mais absente dans l'homme politique africain. Les troubles sociaux politiques et les guerres civiles, les crises politiques et la mauvaise gouvernance ont creusé le fossé entre l'affirmation des principes démocratiques et des droits de l'homme dans les constitutions nationales et la pratique des gouvernants. Ces phénomènes qui constituent les limites apparentes du processus démocratique et des droits de l'homme **(chapitre 1)**, doivent être endigués pour l’émergence d’un « état de droit démocratique » en Afrique **(Chapitre 2).**

Chapitre 1

Les limites apparentes de la démocratisation et des droits de l'homme en Afrique

L'internationalisation de la démocratie à la fin des années 80 insuffla un nouvel espoir chez les populations africaines – l'espoir de voir disparaitre définitivement du paysage politique la mauvaise gouvernance, l'autoritarisme, la dictature au profit de la démocratie, de l'état de droit et des droits de l'homme.

Tout comme les acteurs internationaux et régionaux, les peuples africains se mirent en ordre de bataille pour combattre les régimes autoritaires issus des partis uniques. Mais, très tôt, ces mouvements de revendication démocratique furent malheureusement effrénés par l'insécurité et l'apparition de la violence dans la vie politique : l'arrestation arbitraire des opposants politiques, des élections mal organisées qui débouchent sur des conflits électoraux et post-électoraux. Ces facteurs déterminants (section 1) auxquels s'adossent les contraintes culturelles et économiques (section 2) empêchent foncièrement la démocratie et les droits de l'homme de prospérer sur le continent.

Section 1 : Les facteurs déterminants

Une société démocratiquement organisée se caractérise par l'organisation des élections libres et transparentes, le respect des droits de l'homme et de l'Etat de droit. Aussi, nécessite-t-elle, pour l'épanouissement, des peuples, un climat de paix et de sécurité, car elle ne peut prospérer dans un environnement qui lui est défavorable. Cependant, dans le contexte diachronique du processus de démocratisation africain, la légitimité démocratique est empestée de pestes maux qui empêchent son effectivité. Ce sont entre autres, les conflits militaro-politiques meurtriers (paragraphe 1) qui affectent le développement du continent, et ce, dans « l'indifférence certaine » de certains dirigeants africains hostiles à la transition démocratique (paragraphe 2).

Paragraphe 1 : Les conflits militaro-politiques : les causes primaires de l'instabilité démocratique et de la violation des droits humains

Si les normes démocratiques et celles relatives aux droits de l'homme peinent à prospérer en Afrique, c'est en partie à cause de l'incursion des armes en politique, à travers les coups d'Etat militaires (A) et les conflits armés (B).

A. La problématique des coups d'Etat militaires en Afrique

Le coup d'Etat militaire est un mode antidémocratique d'accession au pouvoir d'Etat. Il se manifeste par l'utilisation de la force ou des armes par l'armée pour renverser ou chasser du pouvoir un gouvernement démocratiquement élu. Ce phénomène « anti-juridique » et contraire aux principes démocratiques, notamment au principe d'élections libres, transparentes et justes, est une « épée de Damoclès » pour l'avancée de la démocratie et des droits de l'homme sur le continent.

Dans le contexte paradigmatique des coups d'état, les gouvernants démocratiquement élus ne peuvent exercer librement leur mandat conformément aux normes démocratiques consignées dans les constitutions et les lois fondamentales. Il en est de même pour le peuple qui, ne peut ni exprimer son choix ni avoir un droit de regard sur la gestion de ses « Affaires ». Le citoyen est ainsi privé de son « droit fondamental à la démocratie ».

Et pourtant, le phénomène des coups d'Etat n'est pas une question nouvelle en Afrique. Historiquement, le continent a toujours été confronté à des campagnes de déstabilisation politique et sociale orchestrées par des militaires. Depuis l'accession à l'indépendance dans les années 60 jusqu'à l'avènement du multipartisme dans les années 90, plusieurs pays africains ont subi des coups d'Etat qui ont porté au pouvoir des militaires. On se souvient à cet égard, de l'assassinat de Sylvanus Olympio au Togo, le 13 janvier 1963, par les vétérans togolais de l'armée française, dont faisait partie Gnassingbé Eyadema. Il en est de même de l'éviction du Président de l'Algérie Ahmed Ben Bella le 19 juin 1965 par un coup de force du colonel Houari Boumédiène ministre de la Défense.

Au début des années 1990, l'arrivée de la démocratie, sous l'influence de la convergence d'événements nationaux et internationaux laissa entrevoir un nouvel espoir – l'espoir de voir disparaître dans les relations sociales et dans la vie politique, la violence ainsi que le phénomène épidémique des coups d'Etat. Mais, cet espoir fut malheureusement annihilé par l'incursion manifeste des militaires putschistes dans la vie politique, bien que le vent de la démocratie continuât de souffler sur le continent. Face à cette situation critique, Babacar GUEYE impute la responsabilité aux gouvernements démocratiquement élus, qui n'ont pas su créer un cadre suffisamment favorable à la conservation des acquis démocratiques.

Ainsi, considère-t-il que, « l'avènement de dirigeants élus démocratiquement n'a rien changé aux politiques de prédation, de clientélisme et de corruption, alors que les populations attendaient une répartition plus équitable des richesses nationales. Dans plusieurs pays, les gouvernements se sont révélés incapables de satisfaire les demandes des populations. L'euphorie a alors cédé la place à la désillusion et à la frustration »[161].

Contrairement à Babacar GUEYE, l'idée des coups d'Etat a été fortement soutenue par les auteurs de *l'école développementaliste,* dont les précurseurs arguèrent que l'intervention des militaires dans la politique n'est pas de nature contraire aux pratiques démocratiques. En effet, selon les tenants de ce courant, à l'instar de Daniel Lerne et Richard Robinson, « l'intervention en politique des militaires, quelles qu'en soient les formes, peut aller dans le sens du développement économique et/ou de la modernisation politique de ces pays[162] ». Certains en viennent même à considérer

---

[161] Barbacar GUEYE., « La démocratie en Afrique : succès et résistances », *RFDC*, n°129, février 2009, p.5-26.

[162] Ibid., *note.154.*

parfois le coup d'Etat comme un évènement salutaire pour chasser du pouvoir les mauvais démocrates et les dictateurs, afin de restaurer la démocratie[163]. Reste à savoir si l'on peut restaurer la démocratie avec les armes ? Recourir aux armes pour mettre fin à un régime démocratiquement élu n'est-il pas contraire aux principes démocratiques ?

Ces interrogations témoignent vraisemblablement de l'ambiguïté et la fragilité de l'approche des *développementalistes*, car elle contraste avec l'acception originelle de la démocratie. Tandis que les tenants de ce courant préconisent le renversement d'un gouvernement par les armes pour restaurer la démocratie, la démocratie elle-même exige que le pouvoir s'obtienne par le jeu des élections libres, transparentes et honnêtes. Dès lors, cette approche n'est qu'une manœuvre qui tend à donner une légitimité à un phénomène, pourtant toxique et dangereux pour l'ordre social et la stabilité démocratique.[164] En sus, la démocratie postule l'abandon des armes et de la force au profit des débats d'idée, des dialogues politiques et la compétition électorale, pour le renouvellement des élites dirigeantes et la résolution des problèmes sociétaux. Par conséquent, le coup d'état, qu'il soit « salutaire », est un acte antidémocratique, contraire au droit international et à l'ordre constitutionnel.

Cette « inconstitutionnalité » des coups d'états ne laissa guère indifférente la communauté

[163] *Ibid.*
[164] *Ibid.*

internationale – si bien qu'au milieu des années 90, des voix s'élevèrent en plus de celle de la France, pour condamner les coups d'Etat en Afrique, et exiger le retour à l'ordre constitutionnel.

Au niveau onusien, l'émergence du principe de la légitimité démocratique provoqua un changement d'attitude chez l'ONU. L'Organisation universelle par excellence prit cause et effet pour les régimes démocratiques, en condamnant, puis en sanctionnant toute forme illégale et illégitime d'accession ou d'accaparation du pouvoir d'Etat.

C'est ainsi que dans ses nombreuses résolutions, l'Assemblée Générale de l'ONU a condamné les coups d'Etat qui préludaient en Amérique et en Afrique au milieu des années 90. Par exemple, le 29 septembre 1991, après le coup d'Etat contre le gouvernement démocratiquement élu de Jean-Bertrand ARISTIDE en Haïti, l'AGNU a adopté une résolution le 11 octobre (de la même année) intitulée la situation de la démocratie et des droits de l'homme en Haïti, dans laquelle *« elle condamna énergiquement (...) la tentative de remplacer illégalement le Président légitime d'Haïti, et déclara inacceptable toute entité issue de cette illégalité et exigea sur le champ le rétablissement du gouvernement légitime ».*[165]

Par ailleurs, le conseil de sécurité avait également condamné le même coup d'Etat et avait adopté plusieurs résolutions, dont la dernière fut la résolution 940

---

[165] Amina FATNASSI., *L'onu et la démocratie dans les pays émergeants,* Mémoire de recherche, faculté de droit et des sciences politiques de Sousse Tunis, 2012,p. 41-43.

adoptée le 31 juillet 1994 dans laquelle, le Conseil *« agissant en vertu du chapitre VII de la Charte des Nations Unies, autorisa des Etats membres à constituer une force multinationale placée sous un commandement et un contrôle unifiés et à utiliser dans ce cadre tous les moyens nécessaires pour faciliter le départ d'Haïti des dirigeants militaires, eu égard à l'accord de Governors Island, et le prompt retour du président légitimement élu, ainsi que pour instaurer un climat sûr et stable qui permette d'appliquer l'Accord de Governors Island »*[166].

Cependant, la réaction de l'ONU juste après le coup d'Etat au Burundi ne fut pas de la même ampleur, même si l'Organisation avait tout de même condamné le changement inconstitutionnel du régime. En effet, le 21 octobre 1993, le gouvernement démocratiquement élu de Melchior Ndadaye est renversé par un coup d'Etat militaire. Une violence interethnique s'en suivit, causant d'importantes pertes en vies humaines et des déplacement massifs de populations. Face au sinistre, l'Assemblée générale adopta le 3 novembre 1993, la résolution 48/17, dans laquelle elle condamna *« sans réserve le coup de force qui a causé une interruption brutale et violente du processus démocratique engagé au Burundi »*.

De même, le coup d'Etat du 25 mai 1997 en Sierra Leone, conduit par le Conseil révolutionnaire des forces armées et le Front révolutionnaire unifié (FRU) contre le gouvernement démocratiquement élu

---

166 Amina FATNASSI., *op.cit.p.43.*

de M. Ahmed Tejan Kabbah suscita une forte réaction de la Communauté internationale[167].

En outre, après le coup d'Etat militaire du 12 avril 2012 en Guinée-Bissau, le conseil de sécurité adopta la résolution 2048, dans laquelle il prononça des sanctions contre les autorités militaires, et leur intima l'ordre de : *« prendre des mesures immédiates pour rétablir et respecter l'ordre constitutionnel, y compris un processus électoral démocratique, en veillant à ce que tous les soldats regagnent leurs casernes, et que les membres du commandement militaire renoncent à leurs fonctions d'autorité »*[168].

Par ailleurs, au niveau européen, l'Union Européenne condamne régulièrement le phénomène des coups d'Etat et prononcent (souvent) des sanctions contre les autorités militaires qui se sont incrustées illégalement au pouvoir. Ainsi, le 13 juin 2012, dans sa résolution 2660, le Parlement européen condamna le coup d'Etat contre le gouvernement légitime de la Guinée-Bissau en ces termes :

« Le parlement européen condamne avec la plus grande fermeté la prise de pouvoir non constitutionnelle par les forces armées de la Guinée-Bissau le 12 avril 2012, et exige le rétablissement immédiat de l'ordre constitutionnel et de l'état de droit ainsi que l'achèvement du processus électoral, y compris les élections législatives, afin de permettre à la

---

[167] Amina FATNASSI., *Supra.note.159.*

[168] Voir : Le Conseil de sécurité, résolution 2048 sur le coup d'Etat en Guinée Bissau.

population de la Guinée-Bissau de décider de son avenir au moyen d'élections libres et régulières »[169].

Au niveau africain, l'Union africaine et la CEDEAO ainsi que la CEEAC ont plusieurs fois condamné les coups d'Etat militaires sur le continent. Par exemple en 2019 au Soudan, après le coup d'Etat militaire contre le régime d'Oumar el-Bechir, le président de la commission africaine condamna les putschistes en qualifiant d'antidémocratique leur coup de force[170].

De même, face à l'instabilité politique en Afrique de l'Ouest, la CEDEAO s'est plusieurs fois opposée aux changements anticonstitutionnels de gouvernement orchestrés par les militaires. Par exemple, en mai 2021, après le coup d'Etat militaire du colonel Assimi GOÏTA contre le gouvernement de transition malien, dont il était le vice-président, les chefs d'Etat et de gouvernement de la CEDEAO ont suspendu le Mali de l'institution.[171] En janvier 2022, l'Organisation a durci les sanctions en mettant un embargo économique sur le Mali. En outre, en septembre 2022, la CEDEAO a condamné avec la dernière énergie le coup d'Etat survenu au Burkina Faso.[172] De même, en juillet 2023 au Niger, lorsque les militaires évincent le président Mohamed BAZOUM, l'Organisation condamne ce coup de force, et

---

[169] Voir : *Résolution 2330* du parlement européen du 13 juin 2012 sur le coup d'Etat militaire en Guinée Bissau. https://eurlex.europa.eu.

[170] Eric TOPANA., « l'Union Africaine dit non au coup d'Etat au Soudan », *made for minds*, 11 avril 2019.p.1.

[171] Voir précisément le site officiel de l'Organisation (CEDEAO).

[172] P. BRETEAU, R. GEOFFROY et al., « Les coups d'Etat en Afrique se succèdent depuis 2019 :Mali, Soudan, Niger », Le Monde Afrique, 09 septembre 2023.

annonce le 10 août son intention de déployer une force régionale pour « rétablir l'ordre constitutionnel », tout en continuant de privilégier la voie diplomatique.[173]

Dans le même ordre d'idées, la CEEAC s'est dressée à plusieurs reprises contre les coups d'Etat en Afrique centrale. A titre d'illustration, en 2019, lors du coup d'Etat manqué du Général Kelly Ondo OBIANG contre le gouvernement gabonais, la CEEAC fut la première Organisation à condamner ce putsch et à exiger le retour à l'ordre constitutionnel. De plus, en mai 2021 au Tchad, après la prise du pouvoir par les militaires faisant suite au décès du Président Idriss DEBI, la CEEAC a exigé des militaires la formation d'un gouvernement de transition avec la participation effective des civiles[174]. Au surplus, le 30 août 2023, lors du coup d'Etat contre le gouvernement du Président gabonais Ali BONGO, l'Organisation condamna fermement ce coup de force et invita les militaires à rendre le pouvoir aux civils.

Enfin, toutes ces considérations essentiellement factuelles permettent d'établir l'inconstitutionnalité et le caractère antidémocratique des coups d'Etat militaires, ainsi que leur impact négatif sur la progression de la démocratie et des droits de l'homme en Afrique. Cependant, faut-il noter que ces phénomènes sont de loin les seuls obstacles à l'émergence de la

---

[173] Ibid., voir aussi agence France presse.

[174] Voir le site officiel de la Communauté Economique des Etats d'Afrique centrale.

gouvernance démocratique en Afrique, car les conflits armés en sont aussi les causes déterminantes.

B. La persistance des conflits armés en Afrique

Des conflits frontaliers au lendemain des indépendances, l'Afrique a basculé dans les guerres civiles, puis aujourd'hui la menace terroriste. Depuis les indépendances, le continent africain n'a cessé de s'embraser dans divers conflits militaro-politiques qui ont éteint des millions de vies humaines, et partant, ont freiné le développement et la stabilité démocratique. Des inégalités sociales, la mauvaise gouvernance et la mauvaise répartition des richesses du pays entre les populations en sont certainement les causes principales[175].

---

[175] La plupart des conflits armés qui ont affecté le continent africain pendant les premières années d'indépendance étaient des conflits de souverainetés, des conflits interétatiques. Ces affrontements se sont intensifiés et, surtout, ont changé de nature. Ce sont désormais des conflits intraétatiques, ou guerres civiles, engendrés par la gouvernance des États qui frappent l'Afrique. La récurrence de ces affrontements armés ne remet pas seulement en cause la démocratie naissante, elle sape aussi les fondements de l'État africain et de l'unité nationale. Le conflit ivoirien est symbolique à cet égard, puisqu'il a éclaté au moment précis de l'élection présidentielle, à l'occasion d'un banal contrôle d'identité. De même, les guerres civiles dans les deux Congo confirment la fragilité de l'expérience démocratique en cours, celle-ci n'étant pas encore parvenue à extirper la violence du champ des compétitions politiques et de la résolution des problèmes sociaux. Les conflits de Sierra Leone, du Liberia et de la Guinée-Bissau ont également éclaté pendant le processus de démocratisation de ces pays. Les guerres civiles font encore des ravages en RDC, en Somalie et au Darfour malgré plusieurs tentatives de faire revenir la paix. Les hostilités ont au demeurant repris avec une violence inouïe en RDC en 2007, alors que Joseph Kabila venait juste d'être élu au terme d'un scrutin jugé libre et sincère par tous les observateurs. Dans les pays affectés par la phase de révolte armée, la guerre civile pervertit les institutions de l'État. Les forces armées et de sécurité, l'appareil judiciaire et les organes de régulation qui permettent un fonctionnement républicain de l'État sont dépouillés de leur rôle d'intégration nationale, pour

Cependant, pour mieux comprendre la typologie des conflits en Afrique, il est impérieux, en amont de toute analyse substantielle, de poser un pas dans le passé, afin d'appréhender les guerres de décolonisation qui ont conduit à l'indépendance de plusieurs pays africains.

En effet, au lendemain de la seconde guerre mondiale, en même temps qu'émerge au sein de l'ONU *le principe de l'autodétermination et de la décolonisation* des peuples colonisés, les Africains commencèrent à envisager la lutte armée comme un moyen d'accession à l'indépendance. Dans les territoires colonisés par les grandes puissances européennes, des mouvements de libération nationale (MLN) se formèrent de part et d'autre pour faire face aux puissances coloniales. La guerre d'Algérie déclenchée le 1er novembre 1954 en est une illustration parfaite de l'intensité des hostilités en Afrique du Nord. En Afrique centrale, dans les pays colonisés par le Portugal tels que l'Angola, le Mozambique, Sao-Tomé-Et-Principe, les guerres de libération furent également atroces[176].

Par ailleurs, après les guerres d'indépendances, de nouvelles formes de violence affleurent en Afrique au milieu des années 60. Entre 1960 et 1990, des conflits interétatiques ont dominé les rapports entre les Etats autoritaires, et ont replongé le continent dans le

---

n'être plus que des outils au service de factions ou de groupes à base ethnique ou régionale. Dans ces conditions le système démocratique se trouve piégé durablement. » Voir : Barbacar .GUEYE., op.cit, p.15.

176 Mamoudou GAZIBO., *Introduction à la politique africaine,* PUM, 2010, p.117-137.

spectre de la violence et de l'instabilité politique. Les cas les plus connus ont opposé le Mali au Burkina-Faso, la Somalie à l'Ethiopie, la Libye au Tchad, l'Erythrée à l'Ethiopie.

Le caractère redoutable de ces conflits frontaliers poussa l'organisation de l'Unité Africaine à inscrire dans la charte constitutive de l'OUA, le *« principe d'intangibilité des frontières »* issues de la colonisation. En plus de ces conflits meurtriers, d'autres formes de violence ont émergé dans la même période au Soudan, au Nigéria, au Rwanda – des guerres civiles qui ont causé d'innombrables souffrances aux populations civiles[177].

En 1990, la chute du mur de Berlin insuffla un cadre démocratique de la gestion du pouvoir étatique. Mais, les gouvernements démocratiquement élus basculèrent aussitôt dans la dérive autoritaire et la gouvernance népotique. Alors, resurgirent les coups d'Etat, les rebellions armées et les guerres civiles. En Afrique centrale, en dehors de quelques pays tels que le Cameroun, la Guinée Equatoriale et le Gabon, tous les autres pays ont traversé des conflits d'intensité variable. Le plus complexe et paradigmatique de ces conflits fut la crise des grands lacs autour de la République Démocratique du Congo (RDC) – un conflit qui dure depuis 1997[178].

---

[177] Barbacar GUEYE., *op.cit.*

[178] Cette crise régionale est d'abord la manifestation d'un *enchevêtrement entre stratégies de politiciens locaux et interventions externes.* Elle combine des logiques de globalisation ayant conduit à l'implication d'une dizaine de pays dans le conflit et des logiques de fragmentation en raison de la multiplication des mouvements armés intérieurs et leur transnationalisation, l'instabilité des uns nourrissant les conflits chez les autres. Voir : Mamoudou GAZIBO *(idem)*

Cette crise régionale a débuté le 1er octobre 1990 avec le déclanchement de la guerre civile au Rwanda, provoquée par l'armée patriotique Rwandaise (APR) contre le régime de Kigali, accusé de pratiques antidémocratiques, de corruption et de discrimination ethnique. La dégradation de la situation et l'intensité des affrontements ont conduit au génocide des tutsis en 1994, qui fit près d'un million de morts.

En Afrique de l'Ouest, le chantier de la démocratie conduit par la CEDEAO et l'Union Economique et Monétaire Ouest-Africaine (UEMOA) fut affecté par plusieurs conflits armés, notamment les guerres civiles au Liberia et en Côte d'Ivoire. Dans le cas particulier de la République de Côte d'ivoire, le processus de démocratisation qui avait démarré en 1990 avec l'avènement du multipartisme et la chute du parti unique, a été violemment étouffé par le coup d'Etat militaire du 24 décembre 1999 contre le régime du président Henri Konan Bédié, puis par la guerre civile du 19 septembre 2002 menée par une rébellion armée contre le gouvernement démocratiquement élu du Président Laurent Gbagbo[179]. Ainsi, peut-on affirmer que la prolifération

[179] La crise ivoirienne plonge clairement ses racines dans *les stratégies des politiciens investisseurs* avec les luttes internes déclenchées pour la succession du premier président, Félix Houphouët-Boigny, mort en 1993. Mais elle n'est pas sans lien avec une *dynamique régionale et des interférences externes* engagées dès 1989 au Liberia, lorsque Charles Taylor y a fomenté la révolte contre le régime de Samuel Doe. Depuis lors, « les voisins du Liberia avaient progressivement été entraînés les uns après les autres dans ce qui est apparu comme un véritable arc de crise guinéen ». C'est essentiellement l'appui de Charles Taylor (parvenu au pouvoir en 1997, mais chassé en 2003, puis arrêté et extradé en 2005 à la Cour pénale internationale pour répondre des crimes commis en Sierra Leone) qui a aidé le Front révolutionnaire uni

des coups d'Etat et des guerres civiles, a sérieusement contribué à la décadence de la démocratie en Afrique.

Aujourd'hui, en plus de ces différents conflits, le continent africain est confronté à une nouvelle forme de violence, à savoir le terrorisme qui affecte profondément le processus de démocratisation. Depuis la déstabilisation de la Libye en 2011, suivie par le déclanchement de la crise malienne en 2012, le terrorisme s'étend progressivement sur le continent africain. Après le Nigéria, le Tchad, le Niger et le Mali ce sont les frontières ivoiriennes et burkinabés qui font régulièrement l'objet d'attaques. Le dernier rapport de l'Organisation des Nations Unies fait cas de plusieurs milliers de civils tués par les groupes terroristes.

En définitive, peut-on retenir que les coups d'Etat militaires, les conflits armés interétatiques et guerres civiles constituent les facteurs déterminants du retard démocratique de l'Afrique. Des facteurs auxquels s'adosse le manque de volonté de certains dirigeants africains hostiles à l'alternance démocratique (paragraphe 2).

---

dirigé par Foday Sankoh (mort en 2003) à déstabiliser la Sierra Leone en 1991. C'est également Charles Taylor que l'on pense être à l'origine de la formation en septembre 2000 du Rassemblement des forces démocratiques de Guinée (Conakry) qui lance des attaques destinées à renverser le régime de Lansana Conté. Voir également Mamoudou GAZIBO., op.cit.p.130.

Paragraphe 2 : L'hostilité de certains dirigeants à l'alternance démocratique

La conservation du pouvoir est un phénomène complexe qui entrave l'émergence des normes démocratiques et des droits de l'homme sur le continent africain. Elle se manifeste à travers l'attitude insidieuse de certains dirigeants africains démocratiquement élus, qui cherchent à se maintenir au pouvoir, en ayant recours à des pratiques illégales telles que les coups d'Etat constitutionnels (A) ou l'instrumentalisation de la justice (B).

A. La situation complexe des coups d'Etat constitutionnels en Afrique

Le coup d'état militaire étant une pratique condamnée par le droit international et régional africain, certains dirigeants africains, animés par la seule volonté de s'éterniser au pouvoir contre les règles constitutionnelles, vont adopter des méthodes « inconstitutionnelles » pour fonder la légitimité de leur pouvoir. C'est le phénomène des « *coups d'Etat constitutionnels* ».

Contrairement au coup d'Etat militaire, le coup d'Etat constitutionnel est une manœuvre anticonstitutionnelle qui consiste, pour les Présidents démocratiquement élus, à modifier certaines dispositions de la constitution qui leur sont défavorables pour se maintenir au pouvoir. Dans d'autres hypothèses, le coup d'Etat constitutionnel peut se manifester par l'abrogation partielle ou totale de la constitution en vigueur, puis en adopter une nouvelle qui leur permettra d'être éligibles aux prochaines élections.

Concrètement, il s'agit d'entreprendre des réformes constitutionnelles en vue d'introduire de nouvelles règles relatives aux élections présidentielles ou législatives. Ces nouvelles règles peuvent concerner la limitation du mandat présidentiel (à deux pour certains et à trois ou quatre pour d'autres). Au surplus, il peut s'agir de l'aménagement des conditions d'éligibilité pour favoriser la candidature du Président sortant, ou écarter de potentiels adversaires de la course à la présidentielle. Quel que soit la norme constitutionnelle modifiée, cette manœuvre vise à faciliter la candidature, voire la réélection du chef de l'Etat sortant. Il s'agit de la manipulation pure et simple des textes constitutionnels à des fins politiques, mieux électoralistes.

Cette « ingénierie constitutionnelle » selon l'expression de Karim DOSSO, « est en réalité au service de la conservation et de la pérennisation du pouvoir »[180]. Selon l'auteur, « il ne s'agit pas ici de revenir sur la possibilité et la nécessité de réviser la Constitution. Une telle question a été débattue et finalement réglée par les constituants de Philadelphie et les révolutionnaires français de 1791. Ce qui est utile à la réflexion et qui accrédite l'idée de la manipulation ou de l'instrumentalisation constitutionnelle, c'est l'enjeu

---

[180] Karim DOSSO., « Les pratiques constitutionnelles dans les pays d'Afriques noires francophones : Cohérence et incohérence », *cairn*, n°90, 2012, p.57-85.

et l'objet qui sous-tendent ces révisions. Les révisions constitutionnelles, en effet, annoncent le réveil du présidentialisme autoritaire à tout le moins la restauration autoritaire de l'éligibilité indéfinie du Président sortant ou de son clan. Lorsqu'on jette un regard sur les dernières modifications, on note invariablement qu'elles prennent place dans les règles régissant le statut du chef de l'État. La clause limitative de mandat, les règles de succession, qu'on a pu considérer comme des acquis démocratiques, sont en sursis »[181].

Ici, l'auteur ne rejette pas l'idée de modification de la constitution, lorsqu'elle s'effectue dans un cadre légal prévu par la loi fondamentale elle-même. Mais, dénonce-t-il la manipulation juridique de celle-ci, notamment à travers des révisions controversées à l'approche des élections présidentielles – si bien que dans bien des cas, ces révisions créent des tensions politiques entre gouvernement et opposition – qui peuvent conduit à une crise pré-électorale.

Par ailleurs, cette technique qui consiste à aménager certaines dispositions constitutionnelles en faveur du chef de l'Etat sortant ou contre un opposant politique, est parfois source de conflit[182]. C'est ainsi que le 23 juillet 2000, à l'approche des élections présidentielles en République de Côte d'Ivoire, le général Robert GUEÏ porté au pouvoir par un coup d'Etat militaire le 24 décembre 1999, avait ordonné l'adoption d'une

---

[181] Karim DOSSO., *Supra.note.171.*

[182] Célestin KEUTCHA., « Droit constitutionnel et conflits politiques dans les Etats francophones d'Afrique noir », *RFDC*,n°63, 2005, p.451-491.

nouvelle constitution et autorisé le maintien de l'article 35[183] (conflictuel), qui écartait certains candidats de la course à la présidentielle. En effet, aux termes des alinéas 3 et 4 de l'article litigieux :

« Le candidat à la présidence de la République doit être ivoirien d'origine, né de père et de mère eux-mêmes ivoiriens d'origine, et il doit n'avoir jamais renoncé à la nationalité ivoirienne et ne doit s'être jamais prévalu d'une autre nationalité[184] ».

Ainsi, au regard de ces dispositions, le candidat à la présidence de la République doit remplir trois conditions substantielles pour être éligible. D'abord, il doit être « d'origine ivoirienne ». La condition de nationalité est le propre de toutes les constitutions du monde. Le candidat à la présidence doit être au moins un national. C'est-à-dire qu'il doit avoir la nationalité du pays. Dans

---

[183] Art. 35 de la constitution ivoirienne (la constitution de la première République) : *« La Président de la République est élu pour cinq ans au suffrage universel direct. Il n'est rééligible qu'une fois. 2.Le candidat à l'élection présidentielle doit être âgé de quarante ans au moins et de soixante-quinze ans au plus. 3.Il doit être Ivoirien d'origine, né de père et de mère eux-mêmes Ivoiriens d'origine. 4.Il doit n'avoir jamais renoncé à la nationalité ivoirienne. 5.Il ne doit s'être jamais prévalu d'une autre nationalité. 6.Il doit avoir résidé en Côte d'Ivoire de façon continue pendant cinq années précédant la date des élections et avoir totalisé dix ans de présence effective. 7. L'obligation de résidence indiquée au présent article ne s'applique pas aux membres des représentations diplomatiques et consulaires, aux personnes désignées par l'État pour occuper un poste ou accomplir une mission à l'étranger, aux fonctionnaires internationaux et aux exilés politiques. 8.Le candidat à la présidence de la République doit présenter un état complet de bien-être physique et mental dûment constaté par un collège de trois médecins désignés par le Conseil constitutionnel sur une liste proposée par le conseil de l'Ordre des médecins. Ces trois médecins doivent prêter serment devant le Conseil constitutionnel. 9.Il doit être de bonne moralité et d'une grande probité. Il doit déclarer son patrimoine et en justifier l'origine. »*

[184] Voir : la constitution de la République de Côte d'Ivoire adoptée le 23 juillet 2000.

le cas d'espèce, le critère de rattachement du candidat à la nation repose essentiellement sur le lieu de sa naissance, ses origines ethniques ainsi que celles de ses parents.

Ensuite, la deuxième condition a trait aux origines des géniteurs du candidat. Ils doivent être non seulement « ivoiriens », c'est-à-dire être nés sur le territoire, et leurs parents doivent être eux aussi ivoiriens. Cette condition de « double origine » durcit les conditions d'éligibilité et empêche assurément la floraison des candidats.

La troisième et dernière condition d'éligibilité a trait à la « double nationalité » du candidat. En effet, selon l'article 35, le candidat à la présidence ne doit jamais avoir « renoncé » à la nationalité ivoirienne, et ne doit jamais avoir « obtenu » une autre nationalité. Une telle aporie, viserait à écarter de la course toute personne qui possèderait une double nationalité.

Ces deux dispositions ont cristallisé les tensions politiques en Côte d'Ivoire sous la première République. Le maintien des par.3 et 4 de l'article 35 était perçu par certains acteurs de la vie politique, comme une manœuvre « diabolique » du pouvoir visant à écarter certains candidats de la course à la présidentielle, notamment des personnes possédant la double nationalité. D'autres y voyaient au contraire l'affirmation « souveraine » de l'identité nationale.

Dès lors, émergea autour de cet article une crise politique qui opposa les partisans de la *« double nationalité »* aux défenseurs d'une *« nationalité unique »*. Les tenant de cette dernière tendance iront jusqu' à renier la nationalité de certains ivoiriens qu'ils qualifient d'étrangers. S'en est suivie la révolte et le 19 septembre 2002, une rébellion armée venant du nord du pays attaqua le gouvernement légitime de Laurent Gbagbo et s'empara de la moitié du pays. Ainsi, la manipulation de cet article par les hommes politiques a plongé la Côte d'Ivoire dans une guerre civile du 19 septembre 2002 jusqu'au 11 avril 2011. Une crise qui a freiné l'évolution de la démocratie naissante en terre ivoirienne. Depuis lors, la nouvelle constitution adoptée en 2016 prévoit désormais que, *« le candidat à l'élection présidentielle (...) doit être exclusivement de nationalité ivoirienne, né de père ou de mère ivoirien d'origine[185]».* Il s'ensuit que le candidat possédant la double nationalité, doit renoncer à la seconde nationalité pour être éligible, à condition qu'il n'ait pas perdu la nationalité ivoirienne conformément aux articles 48 et 50 du code de la nationalité ivoirienne.[186]

Enfin, le coup d'État constitutionnel est aussi le phénomène par lequel des dirigeants africains refusent de se conformer à la limite du mandat présidentiel fixée par la constitution. Dans certaines circonstances, ces derniers peuvent s'opposer aux résultats des élections qui leur sont défavorables, et préfèrent simplement changer les lois et les constitutions qui se dressent sur leur chemin.

---

[185] Voir : l'article 55 de la constitution ivoirienne adoptée en 2016.

[186] Voir : la loi du 14 décembre 1961 publiée au journal officiel.

Très souvent, leurs manœuvres juridiques sont accompagnées de graves violations des droits humains ainsi que de répressions brutales contre les personnes qui s'y opposent. La tendance consiste aujourd'hui à étendre hors du délai légal prévu par la constitution, la durée des mandats électifs[187]. C'est le cas en République de Guinée, où l'adoption d'une nouvelle constitution en 2020 a permis au président Alpha Condé de postuler à un troisième mandat électif, en dehors de la limitation des mandats à deux.

Dans la région du grand lac, le prolongement des mandats est une pratique courante. Par exemple au Congo Brazzaville, en 2015, alors qu'il était au pouvoir depuis 31 ans, Denis Sassou Nguesso a organisé un referendum constitutionnel afin de modifier la limite des mandats présidentiels et éliminer la limite d'âge de 70 ans en cours pour les candidats à la présidentielle. De deux mandats de sept ans, on est passé à trois mandats de cinq ans.

De même au Burundi, en juillet 2015, le Président du Burundi, Pierre Nkurunziza, a brigué un troisième mandat, malgré l'indignation générale devant ce qui était considéré par un grand nombre de personnes comme une tentative de défier l'esprit de l'Accord de paix et de réconciliation d'Arusha, qui a mis fin à des années de guerre civile dans ce pays, et qui a limité le mandat présidentiel à deux.

---

[187] Isabelle SAWYER., « Coup d'Etat constitutionnel, répression politique en Afrique Subsaharienne », *Human Right Watch*, 7 septembre 2016. Voir le site officiel de l'Organisation.

En outre, au Rwanda, conscient qu'il allait se heurter à la limitation de mandat en 2017, le président rwandais Paul Kagamé réussit à faire passer un referendum en décembre 2015, où des citoyens rwandais ont voté en faveur des amendements de la constitution qui permettront à Kagame de briguer non seulement un troisième mandat lors des prochaines élections, mais également un quatrième et cinquième mandat – lui donnant ainsi la possibilité de rester au pouvoir jusqu'en 2034[188].

Et pourtant, la révision constitutionnelle à la veille des élections présidentielles par certains chefs d'Etat pour se maintenir au pouvoir, est une pratique qui vide la démocratie de toute sa substance. Le peuple est privé de son droit de choisir librement ses représentants à travers des élections libres, transparentes et périodiques. On assiste alors à un morcèlement des principes démocratiques. Ce qui emmène à se demander si la démocratie gouverne encore la dévolution du pouvoir en Afrique. Une interrogation qui semble à certains égards légitime, dans la mesure où l'appareil judiciaire est aussi utilisé à des fins politiques.

B. L'instrumentalisation de la justice à des fins politiques

Le principe de la légitimité démocratique exige l'organisation des élections libres, transparentes et

---

[188] Ibid.

périodiques comme mode « privilégié » d'accession au pouvoir d'Etat. De ce fait, il impose aux Etats, représentés par les gouvernants, l'obligation de promouvoir le pluralisme politique, en incluant les partis politiques et la société civile dans la gestion des affaires publiques.

En d'autres termes, la vie politique doit être animée par plusieurs acteurs politiques légalement constitués, qui compétissent à la conquête du pouvoir politique à travers des élections inclusives et ouvertes à tous les citoyens. Cela implique évidemment que les acteurs politiques s'abstiennent de recourir à toute manœuvre « anti-juridique » et antidémocratiques visant à écarter ou éliminer de potentiels adversaires politiques – la vie politique étant un champ de compétition où s'affrontent des idées dans un débat démocratique.

Dans le contexte africain, l'espace politique est contrôlée dans la majorité des cas, par le pouvoir exécutif, qui concentre entre ses mains tous les pouvoirs. Dans un tel paradigme, l'instrumentalisation de la justice contre des opposants politiques ou des acteurs de la société civile est patente. Et pourtant, elle relève d'une pratique inconstitutionnelle, car contraire au principe de *« la séparation des pouvoirs »* que les pays africains ont pleinement accepté en signant les traités internationaux.

Conceptualisée par le philosophe anglais John Locke à la fin du XVIIème siècle[189], puis théorisée en

[189] Sur le plan historique, la séparation trouve son origine dans l'histoire britannique et la recherche constante d'une limitation des pouvoirs royaux. Le mouvement s'est ensuite développé aux Etats Unis, en France et dans les autres pays de l'Europe occidentale préoccupés par la mise en place des

France en 1748 par Montesquieu, *la séparation des pouvoirs* distingue trois types de pouvoirs : le pouvoir législatif chargé de voter les lois, le pouvoir exécutif chargé d'exécuter les lois et le pouvoir judiciaire chargé de rendre la justice. L'objectif de ce principe est d'éviter la concentration des pouvoirs entre les mains d'un seul individu. Ainsi, comme l'a souligné Montesquieu dans son ouvrage intitulé *"De l'Esprit des lois",* « tout serait perdu si le même homme, où le même corps exerçait ces trois pouvoirs. Celui de faire les lois, celui d'exécuter les résolutions publiques, et celui de juger les crimes ou les différends particuliers »[190].

---

régimes pluralistes et libéraux. La conception de John Locke (auteur anglais) de la séparation des pouvoirs développée dans son ouvrage « Essai sur le gouvernement civil » publié en 1690 est basée sur la distinction de trois pouvoirs dans l'Etat : législatif, exécutif et fédératif. Réservé à la société, le pouvoir législatif est exercé par le parlement qui doit particulièrement veiller au respect des droits et libertés. La fonction de l'application des lois est dévolue à l'exécutif qui est soumis au pouvoir législatif. Le fédératif assure la fonction de régler les rapports avec les puissances étrangères. Voir : Gilbert BONDONGO., « Réflexion sur l'équilibre des pouvoirs en Afrique noire francophone : cas du Benin et du Congo », *ASJP*, vol.15.n°3.2014.

190 L'article 16 de la Déclaration des droits de l'homme et du citoyen (DDHC) de 1789 dispose : « Toute Société dans laquelle la garantie des Droits n'est pas assurée, ni la séparation des Pouvoirs déterminée n'a point de Constitution ». Ce concept est aujourd'hui reconnu comme un principe à valeur constitutionnelle. Dans les démocraties modernes, selon les pays, le principe de séparation des pouvoirs s'articule de manière différente. On parle d'application plus ou moins stricte ou souple en fonction de l'ampleur du contrôle qu'exerce chacune des fonctions sur l'autre. Par exemple, les institutions des États-Unis sont le plus souvent définies comme un système où la séparation des pouvoirs est très stricte. Le Président n'est pas responsable devant le pouvoir législatif, et il ne dispose pas du pouvoir de dissoudre la Chambre des Représentants. Seule la Justice peut être amenée à trancher des différends entre le pouvoir exécutif et le pouvoir législatif. En France, en revanche, le chef de l'État peut décider de dissoudre l'Assemblée nationale (mais pas le Sénat), et le gouvernement est responsable devant le Parlement. Voir précisément le site "vie politique" : fiche thématique,

Cette théorie a bien inspiré des régimes en Europe et en Amérique du Nord avant de s'étendre au reste du monde avec des interprétations variées. En Afrique, la séparation des pouvoirs, inappliquée à l'époque du présidentialisme au lendemain des indépendances, a trouvé sa lettre de noblesse avec le vent de la démocratisation en 1990. Face aux exigences du droit international en matière de démocratie, et à la montée en puissance des revendications démocratiques au niveau national, les Etats africains furent contraints d'opérer des modifications constitutionnelles afin d'intégrer dans leur ordre juridique respectif des principes fondamentaux suivants : la légalité souveraine des Etats, la non-ingérence dans les affaires intérieures d'un Etat, la séparation des pouvoirs, les droits de l'homme et l'état de droit. Aujourd'hui, presque toutes les constitutions des Etats africains consacrent la *séparation des pouvoir* comme principe substantiel de « l'état de droit démocratique » – car, elle constitue avec la démocratie, la bonne gouvernance et les droits de l'homme, le centre du néo-constitutionnalisme africain[191].

Cependant, contrairement à la pensée de Montesquieu, la pratique de la séparation des pouvoirs dans certains Etats africains laisse entrevoir une illusion insidieuse. Le pouvoir judiciaire (théoriquement indépendant) est souvent à la solde du pouvoir exécutif, qui

---

qu'entend-on par séparation des pouvoir ? https://www.vie-publique.fr/fiches/275008-quentend-par-separation-des-pouvoirs

[191] Jean DU BOIS., « La justice en Afrique : nouveaux défis, nouveaux acteurs », *Cairn*, n°250, 2014, p.13-28.

l'utilise à sa guise, contre tout opposant ou personnalité politique qui se dresse sur son chemin. Cette aporie commence par des tentatives d'intimidations pour aboutir à des procès montés de toute pièce contre des individus, en vue de les obliger à renoncer à leur cause.

Dans certaines circonstances, ces individus sont arrêtés par la police au cours des manifestations pacifiques, incarcérés sans avoir été entendus au préalable par la justice. Leurs droits de manifester et de se défendre (devant les juridictions nationales) s'en trouvent pleinement violés. Jean Du Bois DE GAUDUSSON décriait à ce titre, à propos du Bénin, l'affaiblissement progressif du système des tribunaux judiciaires : « au fil des temps, le système judiciaire a vu s'étioler une bonne part de son indépendance. Son image, souvent écornée par des allégations de corruption en son sein, a été sérieusement minée par les interventions inappropriées, y compris des immixtions de l'exécutif, dans le fonctionnement de la justice »[192].

Ainsi, l'immixtion de l'exécutif dans le fonctionnement de la justice, met en cause l'indépendance de celle-ci et limite assurément l'action des citoyens qui jugent déjà leurs causes perdues d'avance.

Somme toute, peut-on retenir à partir de toutes ces considérations que les coups d'état (militaire et constitutionnel), les conflits armés intraétatique et les guerres civiles, ainsi que l'instrumentalisation de la justice, constituent des entraves considérables à

---

[192] Ibid.

l'émergence des normes démocratiques et des droits de l'homme en Afrique. Ces différents phénomènes contribuent également à l'instabilité politique et démocratique d'un continent, déjà confronté à des problèmes culturels et économiques profonds (section 2).

Section 2 : Les contraintes culturelles et économiques

Outre la problématique des conflits armés et des coups d'Etat, les valeurs démocratiques et les droits de l'homme sont aujourd'hui confrontées à l'ambivalence complexe de la diversité culturelle de l'Afrique, à laquelle s'adossent depuis bien longtemps des faiblesses économiques. Dans ce contexte, la manipulation de l'identité culturelle à des fins politiques, est devenue la nouvelle attraction des acteurs politiques (paragraphe 1), en plus des conditions économiques défavorables qui, fragilisent le continent depuis les années soixante-dix (paragraphe 2).

Paragraphe 1 : La manipulation de l'identité culturelle en politique

La manipulation de la diversité ethnique et religieuse est la nouvelle arme déployée par des hommes politiques africains pour conquérir un électorat de base. En effet, des hommes politiques mettent en avant leur appartenance à un groupe ethnique ou religieux ou encore à une communauté, pour nourrir leurs ambitions politiques (A). Cette pratique antidémocratique attise le tribalisme et conduit à la guerre civile (B).

A. L'invocation de la diversité ethnique et religieuse en politique

Après la décolonisation, puis les indépendances, la plupart des pays africains ont plongé dans la dérive dictatoriale. Le pouvoir politique en principe dévolu au peuple, fut conservé par des minorités ou des clans, ayant à leurs têtes des chefs d'Etat qui usèrent de la ruse pour se maintenir au pouvoir. Les populations étaient ainsi gouvernées d'une main de fer par des *« monstres »* indéboulonnables.

Cette pratique s'est illustrée en Afrique depuis les années 60 sous les régimes militaires et autoritaires. En effet, la diversité ethnique était invoquée à cette époque comme prétexte pour maintenir un régime de parti unique ou un régime militaire, dont les barrons, dans les faits, s'appuyaient souvent sur leur groupe ethnique en marginalisant les autres au besoin.

À l'avènement de la démocratie en 1990, l'homme politique africain perdit le contrôle du pouvoir qu'il devra conquérir désormais avec l'approbation du peuple, et ce, à travers des élections inclusives, libres et transparentes. C'est ainsi que les différents régimes politiques africains, notamment *le parti-unique, le populisme* et *le néo-patrimonialisme* furent renversés et remplacés par les gouvernements démocratiquement élus. Le pouvoir ne pouvant se renouveler automatiquement, l'homme politique africain fut contraint de sortir de sa zone de confort pour aller à la conquête des électeurs. Ce mode d'accession au pouvoir, imposé par la démocratie ne correspondait guère à la pratique qui préludait au lendemain des indépendances. Alors, pour faire face à *l'obligatoriété démocratique,* les dirigeants africains vont chercher à se constituer une base électorale, en invoquant « l'ethnicité » ou « l'appartenance religieuse » en politique.

L'identité devint alors une ressource politique dont se serviront les acteurs politiques en lutte pour le pouvoir, en vue d'obtenir des soutiens. Concrètement, le candidat à une élection présidentielle ou législative, mettait en avant son appartenance à un groupe ethnique ou à une communauté religieuse au détriment d'un programme politique, pour séduire un électorat particulier. Pour M.Gazibo, « c'est cette politisation de l'identité culturelle qui a conduit à des configurations incompatibles avec la démocratie, et non le simple pluralisme identitaire ». D'ailleurs, le facteur culturel ou le *culturalisme* a toujours été mis en relation avec la démocratie avant l'expérience africaine. Il a été ainsi présenté par certains auteurs comme un avantage substantiel pour le succès de la démocratie.

Contrairement à M. GZIBO, le *« culturalisme »* a été souvent brandi par certains auteurs comme une entrave à l'émergence des normes démocratiques dans les pays africains[193]. Selon les tenants de cette

[193] L'inadéquation culturelle de la démocratie en Afrique est mise en avant par l'analyse de Francis Akindès. Après avoir exposé ce qu'il considère

approche, la configuration des sociétés africaines, divisées en plusieurs colorations ethniques, religieuses et linguistiques,[194]empêcherait la démocratie de prospérer dans l'environnement africain. Cet argument qui consiste à opposer la diversité culturelle à l'idéal démocratique, a été largement repris par des penseurs négateurs du processus de démocratisation africain. Et pourtant, il semble à notre avis que, ni l'identité culturelle ni la diversité ethnique et religieuse des pays africains, ne peuvent compromettent l'essor des normes démocratiques ; car elles justifient la raison d'existence de la démocratie. C'est, au contraire, l'instrumentalisation de celles-ci par des acteurs politiques qui, en font des armes redoutables pour la paix et la stabilité démocratique.

---

comme les éléments constitutifs des institutions démocratiques en Occident, Akindès pense que « la démocratisation en Afrique subsaharienne apparaît comme une tentative de réappropriation partielle de cette historicité sociopolitique exogène. La partialité de cette réappropriation s'explique par l'adoption d'institutions démocratiques (État, partis politiques, parlements, syndicats, suffrage universel) amputée de l'esprit qui a façonné les consciences, lesquelles ont généré cette histoire unique et, à travers elle, l'habitus démocratique qui s'accorde avec le fonctionnement de ces institutions. Les difficultés d'adhésion aux principes de la démocratie libérale (multiplication des fraudes électorales, violences sur l'adversaire politique, faiblesse des taux de participation [...]) ou les oppositions culturelles à son avènement s'expliquent moins par la jeunesse du mouvement que par cette désarticulation culturelle. », Cf : Mamoudou GAZIBO., *Introduction à la politique africaine,* PUM, p.210.

[194] Tout comme le facteur économique, le facteur culturel a été mis en relation avec la démocratisation bien avant les expériences africaines, notamment depuis l'article fondateur de Dankwart Rustow qui, considérait l'unité nationale comme un préalable au succès de la démocratie. Dans sa version contemporaine, cet argument a souvent dérivé vers une forme de culturalisme en vertu duquel la démocratisation ne peut réussir dans les pays africains, parce qu'ils sont divisés sur le plan ethnique, religieux ou linguistique, ou parce qu'ils sont porteurs de valeurs perçues comme incompatibles avec la démocratie. Voir Mamoudou GAZIBO *(idem).*

Par exemple en Côte d'Ivoire, l'ouverture politique entamée avec le multipartisme (peu avant la disparition du premier président Félix Houphouët-Boigny) a dégénéré en un coup d'État en 1999, puis en une guerre civile en 2002 et en 2011, après l'introduction dans le débat politique ivoirien, du concept de *l' « ivoirité »*[195]. Officiellement présenté par les partisans du défunt président Henri Konan BEDIE, qui l'ont popularisé entre 1993 et 1999 comme un terme *sui generis,* distinguant les Ivoiriens des étrangers installés et vivant sur le territoire ivoirien, il cache en réalité un *« ethno-nationalisme »* visant à écarter certains opposants de la course à la présidentielle. Ce concept d'ivoirité a fini par creuser le fossé de la discrimination entre le Sud et le Nord – et partant, a conduit à un clivage qui, domine encore le paysage politique ivoirien.[196]

Au Congo-Brazzaville, s'est développée une autre forme d'instrumentalisation de la diversité identitaire, c'est « l'ethno-régional ». C'est un cas emblématique d'une déconsolidation des acquis démocratiques sur fond de politisation de l'identité. Alors que toutes les parties ont joué le jeu de la conférence nationale souveraine, que les élections ont débouché sur une alternance pacifique, la constitution de milices basées sur des solidarités ethno-régionales, et la transformation des leaders politiques en chefs de troupes tribales ont plongé le pays dans deux guerres civiles qui, l'ont

[195] Karim BAMBA et al., *Côte d'Ivoire : chronique d'une crise (2002-2008),* CERAP, 2008, p.13-20.
[196] M.GAZIBO., *op.cit.*

dévasté et mis un terme à l'expérience de démocratisation[197].

Professeur Mamoudou GAZIBO expliquait à cet effet, « certes les contraintes culturelles peuvent être un obstacle à la démocratisation, mais elles ne sont pas déterminantes et impossibles à contourner. En effet, la simple existence d'une diversité identitaire n'explique pas le succès ou l'échec de la démocratisation. Pour cela, il faut s'intéresser à son instrumentalisation politique par des acteurs luttant pour le pouvoir et les ressources »[198].

Pour lui, la démocratie est un système politique idéal qui permet de lutter contre la mauvaise gouvernance et la conservation du pouvoir d'Etat par des clans. Dès lors, dans une Afrique marquée par le pluralisme ethnique et religieux, avec des sociétés morcelées en plusieurs groupes ethniques, chacun ayant son propre mode de fonctionnement et de gouvernance, seule la démocratie permet la gestion collective du pouvoir. La démocratie favorise « l'égalité » dans la diversité. Elle permet à tout citoyen, quel que soit son appartenance ethnique ou religieuse, son sexe ou son origine, de prétendre à la magistrature suprême, si et seulement s'il remplit les conditions d'éligibilité. Dès lors, la diversité culturelle, ne peut être considérée comme un obstacle à la démocratisation des systèmes politiques africains, comme illustrent parfaitement les propos d'un ancien chef d'Etat africain devant la

197 Ibid.

198 Ibid.

chambre préliminaire (I) de la Cour pénale internationale (CPI) :

« Chaque fois qu'un chef d'Etat européen me disait, faites la démocratie en Afrique, je lui répondais ceci : nous avons besoin de la démocratie, non pas parce que vous le dites, mais parce que nous en avons effectivement besoin pour construire nos Etats. Si nous n'employons pas la démocratie, comment allons-nous choisir le chef de l'Etat. Nous avons à l'est de la Côte d'ivoire, les Akans (groupe ethnique) qui ont un mode à eux pour choisir leur chef ou leur roi ; à l'ouest nous avons un pouvoir éparpillé, et au nord les malinkés islamisés. Alors, quel mode électoral allons-nous privilégié si ce n'est la démocratie ? La démocratie permet de briser les barrières de la différence, en donnant à chaque citoyen un droit de vote et un droit d'être éligible »[199].

Dans ces circonstances, la démocratie devrait être considérée comme un atout majeur pour l'Afrique, et non le contraire, comme ses détracteurs tentent de nous le faire avaler. Ainsi, l'instrumentalisation de l'identité culturelle à des fins politiques par des hommes politiques, affecte sérieusement l'émergence des normes démocratiques en Afrique. Elle fragilise également l'espérance des droits de l'homme, de l'état de droit, et partant, nourrit le tribalisme qui ouvre la voie à la guerre civile.

---

199 Laurent GBAGBO., *Audience de confirmation des charges devant la cour pénale internationale, discours de première comparution devant la chambre pré liminaire 1 de la cour, le 21 janvier 2013.* Pour plus de précision voire le site internet de la cour pénale internationale.

B. La vulgarisation du tribalisme en politique

La manipulation de l'identité culturelle à des fins politiques, conduit assurément au tribalisme. En Afrique, ces dernières années, l'invocation de l'appartenance ethnique et religieuse comme argument politique a engendré des conflits et des affrontements communautaires dans plusieurs pays[200]. Cependant, la compréhension de ces conflits nécessite de s'intéresser, en amont de toute analyse substantielle, à la notion de tribalisme.

Le tribalisme[201] est une forme de manipulation des groupes ethniques à des fins politiques. Il consiste très souvent à privilégier un groupe social au-dessus d'un autre dans un même pays. C'est une forme de discrimination orchestrée par des autorités politiques en faveur de leurs ethnies d'origine. Autrement dit, c'est le sentiment d'appartenance à une ethnie ou à une tribu

---

[200] Dans sa longue marche vers la démocratie, l'Afrique fait souvent l'expérience des conflits armés qui naissent un peu partout sur ce continent. Ayant pour point de départ l'ethnie, la tribu en tant que groupe social, qui se construit et se reconstruit dans les relations qu'il a l'un avec l'autre, ces conflits se nourrissent désormais des sentiments tel que le tribalisme, le régionalisme encouragés par le chantier des rivalités dont les hommes politiques en sont les maîtres d'ouvrage. Pourtant, tout le monde s'accorde à reconnaître que les tribus entre elles n'ont vraiment pas de mal à vivre ensemble. La configuration de la vie sociale dans l'Afrique précoloniale est une illustration parfaite. Cf. Mamoudou GAZIBO., *op.cit, p.190.*

[201] 201 Tout un ensemble d'études révèle que le tribalisme devint un danger en Afrique depuis l'époque de la balkanisation du continent où sous l'ordre de colonisation se créa ainsi des territoires artificiels. Ces nouveaux territoires étaient sous l'influence de leurs pays colonisateurs qui, eux, possèdent différentes vertus, valeurs culturelles et morales. Chacun de ces nouveaux territoires créés valorisait plus sa culture (héritée de sa puissance coloniale) et c'était au détriment de l'autre. Cf : Mamoudou GAZIBO., *op.cit, p.199.*

ou encore à un groupement humain, ayant en commun une même culture fondée essentiellement sur la langue ou le mode de vie. Il traduit en chaque homme la conscience de l'identité qu'il porte et des devoirs culturels et moraux qui en découlent.

Le tribalisme est aussi un phénomène normal et ancien qui participe à l'affirmation d'une identité culturelle. Cependant, sa manipulation dans la sphère politique en donne un autre sens. En effet, en explorant la définition de ce mot sous un autre angle, on découvre qu'il traduit également la priorité accordée à une tribu au détriment d'une ou de plus d'une autre. Ainsi, dans le contexte africain, le tribalisme pourrait se traduire par la manifestation des inégalités sociales entre les différents groupes ethniques, c'est-à-dire la valorisation d'une ethnie, d'une tribu ou d'un groupement humain au détriment de l'autre.

Certaines études ont révélé que ce phénomène résulterait de la période coloniale. En ce sens, la balkanisation de l'Afrique par le colonisateur a créé des frontières artificielles, où se sont regroupés des groupes humains appartenant à des tribus différentes. Sur certains territoires, le colonisateur aurait privilégié des groupes ethniques par rapport à d'autres, créant chez certaines tribus, après le départ des colons, le complexe de supériorité à l'égard des autres groupes. À cet égard, le génocide des tutsis au Rwanda en est une illustration parfaite[202].

---

[202] Mamoudou GAZIBO., *op.cit, p.190-213.*

Le Rwanda a connu l'un des conflits les plus meurtriers après la guerre civile du Biafra en 1965 qui, a fait plusieurs millions de morts. Avant la colonisation, le Rwanda avait une population homogène, parlant la même langue, ayant la même culture et le même territoire, et pratiquant la même religion. On ne pouvait donc pas affirmer que ces populations constituaient des groupes ethniques, bien que les Rwandais se reconnaissent Hutu, Tutsi, ou plus rarement Twa. Cette appellation n'était pas fondamentale dans l'identité sociale du Rwandais, d'autant plus que cette catégorisation identitaire était mouvante : un Hutu pouvait devenir Tutsi et vice versa. Cette identité variait ainsi en fonction des interlocuteurs de la région. En outre, il existait une opposition approximative entre les Tutsis du sud du Rwanda, qui reconnaissaient la souveraineté du *mwami (roi) Munsinga,* servi par des Hutus et des Twa ; et les Tutsis, Hutus et Twa du nord du pays qui, révulsaient cette souveraineté et vivaient généralement de manière pacifique.

Avec la colonisation, le Rwanda connut un bouleversement profond de son identité. D'une identité sociale qui préludait avant l'arrivée des colons, le pays est passé à une identité ethnique, découlant de la transposition d'un schéma de pensée (étranger) émanant du pouvoir colonial belge. [203]Une rivalité ethnique s'installa

---

[203] Après le protectorat Allemand de 1897 à 1916, le Rwanda est administré par l'armée belge en 1919. L'administration coloniale exploite la centralisation de l'ancien royaume rwandais pour maintenir son contrôle et en tirer le meilleur profit. Elle accorde un privilège aux tutsi considérés comme faisant parti de la lasse des élites (les tutsi étaient des chefs nés). C'est ainsi que le

entre les Tutsis et les Hutus sous l'empire belge. Cette rivalité creusa le fossé d'une guerre civile qui fit près d'un million de morts entre 1990 et 1994.

Ce conflit fut la résultante de la manipulation de l'identité par le colon belge. D'ailleurs, si on s'intéresse aux causes profondes de ce conflit, on pourrait évoquer la responsabilité politique et pénale des autorités belges

---

champ social du Rwanda est investi par des mythes qui font passer des idéologies racistes pour des faits d'histoire. À force de répéter aux Tutsis qu'ils appartiennent à une élite et aux Hutus qu'ils sont inférieurs, chaque membre de la société rwandaise finit par se forger une identité ethnique, et deux groupes qui jadis cohabitaient dans des différences acceptées en viennent à se méfier l'un de l'autre (...) La mutation d'une identité lignagère en une identité ethnique, mutation qui opère brutalement une déchirure du tissu social rwandais, est bien une création du colonialisme. Elle met en place, selon l'expression de Gérard Prunier, « une racialisation de la conscience » : « En dernier ressort, nous pouvons dire que les Tutsis et les Hutus se sont massacrés les uns les autres plus pour correspondre à une certaine vision qu'ils avaient d'eux-mêmes, des autres et de leur place dans le monde que pour des intérêts matériels. Cette fracture sociale provoquée est la cause première du génocide. (...) La rupture est provoquée dans la seconde moitié des années 1950, alors que l'indépendance du Rwanda est prévisible à court terme. La Belgique vient à douter de la fidélité de l'élite tutsi, trop sensible aux théories socialistes, comme nombre d'Africains impatients de se libérer de l'emprise coloniale. Elle entend préserver ses privilèges économiques et politiques dans un Rwanda indépendant et elle craint de ne pas y parvenir si l'élite tutsi, séduite par les sirènes de l'anticapitalisme, prend le pouvoir. En 1953 et 1956, afin de préparer la démocratisation du pays, les autorités belges imposent des élections pour le recrutement de conseils aux différents postes administratifs. Ces deux élections opèrent un renversement administratif : la majorité des chefferies et sous-chefferies sont attribuées à des Hutu. Les revendications des leaders hutus se précisent. Sous la pression des Nations unies, la Belgique doit aménager la passation du pouvoir dans les meilleures conditions de sécurité. Elle se prononce en faveur des Hutus et inverse le discours ethnique : hier de race supérieure, les Tutsis deviennent une minorité d'envahisseurs. Ce changement politique n'est pas une « révolution sociale », comme le clame le Parmehutu, mais un transfert ethnique du pouvoir sous la houlette de la Belgique qui maintient d'excellentes relations avec la république hutu. Voir : Y. TERNON, « Rwanda 1994 : analyse d'un processus génocidaire », cairn, n°190, 2009,p.15-57. https://www.cairn.info/revue-revue-d-histoire-de-la-shoah-2009-1-page-15.htm - pa14

qui, non seulement auraient été les moteurs de cette rivalité raciale, mais, n'ont pu rien faire pour mettre fin au massacre des Tutsis. Dans son commentaire du *rapport Duclert sur le génocide Rwandais,* Pierre François Laval évoque également la responsabilité politique de la France dans le génocide Rwandais, sans exclu la piste d'une « responsabilité pénale pour complicité ». Dans une certaine mesure Paris (tout comme Bruxelles), était suffisamment « informé » de la situation politique au Rwanda, et surtout de la radicalisation du pouvoir par les élites hutues. Dans son analyse, Pierre Laval insiste sur l'indifférence et le silence assourdissant de Paris, qui aurait dû prendre des mesures nécessaires pour prévenir le génocide – étant donné que la France entretenait toujours des rapports très étroits avec le gouvernement Rwandais de l'époque. D'ailleurs, Paris avait procédé à l'évacuation des proches du Président Habyarimana au moment du génocide[204].

Dès lors, au regard de tout ce qui précède, il convient de retenir que la manipulation de l'identité culturelle à des fins politiques, peut conduire à des catastrophes humaines comme le génocide Rwandais. La démocratie est un débat d'idées, des idées axées sur des programmes de société, et non sur la violence ou

---

[204] Pierre-François LAVAL., Commentaire du rapport Duclert sur la responsabilité de la France dans le génocide Rwandais : La France, le Rwanda et le génocide des tutsis (1990-1994), 26 mars 2021. Conférence organisée par l'observatoire du droit international le 13 mai 2021. *Voir aussi :* Pierre-François LAVAL., « Du rapport Duclert : du rôle et de l'engagement de la France au Rwanda », *JP BLOG,* 29 avril 2021. Voir aussi, Vincent DUCLERT, *La France, le Rwanda et le génocide des tutsi,* Rapport remis au Président de la République le 26 mars 2021, Armand Colin.

le discours racial et haineux. La manipulation de l'ethnicité relève alors d'une pratique dangereuse qui porte atteinte aux droits humains, et retarde l'évolution du processus de démocratisation africain déjà accablé par des obstacles économiques persistants (paragraphe 2).

Paragraphe 2 : Les obstacles économiques persistants

Outre les contraintes culturelles, la démocratie et les droits de l'homme sont aujourd'hui confrontés à une vague d'obstacles économiques qui, affecte la stabilité du continent africain. Les crises économiques successives survenues dans les années 80 (A) ont creusé des brèches indélébiles dans les économiques africaines – si bien qu'elles continuent d'impacter négativement les performances économiques de certains Etats africains (B).

A. Les crises économiques

Idéalement, l'Afrique est un continent indispensable à l'économie mondiale. Le continent regorge de nombreuses ressources économiques, dont plus de 40% contribue à l'essor de l'économie mondiale.

Au lendemain des indépendances, les Etats africains prirent conscience de leur potentiel économique, et mirent sur pied des politiques de développement en vue de valoriser leurs ressources. Au milieu des années 60, se lancèrent-ils à la conquête de la prospérité économique – en mettant l'accent sur la production et l'exportation des matières premières agricoles.

En République de Côte d'Ivoire, Felix Houphouët Boigny, le premier Président de la République, arrivé aux affaires en 1959, voulut faire de son pays une puissance économique de la sous-région Ouest africaine. Pour cela, il ouvrit son pays aux experts économiques européens et africains, pour l'aider à réaliser ce rêve. Grâce à cette main d'œuvre qualifiée, et grâce au travail acharné des paysans, la Côte d'ivoire atteint miraculeusement une croissance à double chiffre en 1970, c'était *« le miracle économique ivoirien »*. La Côte d'Ivoire devint alors le premier pays émergent de la région, avec une économie forte et solide, basée sur la production et l'exportation du café, du cacao et du coton.[205] Certains pays tels que le Benin, le Ghana et le Sénégal suivront le pas.

Cependant, à la fin des années quatre-vingt, la mauvaise gouvernance et la gestion arbitraire de l'économie ont plongé les pays africains dans une crise économique[206] qui, fut à la fois, la cause des revendications

---

[205] Riman VAN., *op.cit*, p.19-32.

[206] La configuration des économies africaines explique alors pourquoi, presque simultanément, ces pays sont entrés dans une phase de récession puis de crise extrême à partir de 1980. À ce moment, la situation internationale a cessé d'être favorable alors que la gestion interne était marquée par de graves insuffisances du point de vue des choix économiques, des finances publiques et du rapport aux biens de l'État. Les choix économiques ont été orientés vers une prolifération d'entreprises publiques et vers quelques grands projets infrastructurels de modernisation. Ces entreprises et projets ont absorbé une bonne partie des surplus dégagés par le secteur agricole et le secteur minier tout en contribuant à aggraver l'endettement des États Leur rentabilité s'est révélée négative et les charges étaient récurrentes et lourdes en raison notamment de la désarticulation et du caractère

démocratiques dans certaines régions d'Afrique, mais aussi et surtout, la raison du déclin progressif de la démocratie dans les pays démocratiquement stable. En effet, si la crise économique a permis de délégitimer les régimes autoritaires, et, a favorisé la cause démocratique, elle a rapidement constitué un obstacle majeur à sa survie : les acteurs de la revendication démocratique qui affleurèrent de part et d'autre, notamment les syndicats et les étudiants ont commencé à réclamer, en contrepartie de leurs luttes, des retombées sur les conditions de vie des populations. Or, non seulement la crise économique s'est prolongée, mieux, les programmes d'ajustement structurel proposés par les institutions financières internationales ont réduit davantage l'implication de l'État dans le secteur économique, et ont limité son intervention dans les secteurs sociaux défavorisés[207].

Ainsi, la trajectoire de nombreux pays était, de ce fait, liée à la persistance de cette crise qui transformait les militants en individus désappointés de la cause démocratique. Mamoudou GAZIBO souligne à cet effet que, « cette crise a servi de catalyseur aux mouvements de revendication démocratique qui ont créé

---

primaire des économies. Quant aux finances publiques qui reposaient, en dehors de l'aide extérieure, exclusivement sur les ressources d'exportation, elles pouvaient se passer des recettes qui échappaient à l'administration fiscale du fait de l'absence de formalisation de pans entiers de l'économie tant que la manne de l'exportation continuait à rentrer. Mais la crise des années 1980 a fait baisser l'importance de cette manne alors que la mauvaise gestion conduisait à la faillite des entreprises et du secteur financier en général Cette mauvaise gestion est illustrée par la faillite du contrôle des finances publiques. Voir : Mamoudou GAZIBO., *op.cit*, p.23-42.

[207] *Ibid.*

l'impression que l'avènement de la démocratie résoudrait cette crise. En effet, la démocratie a été présentée comme une boîte noire d'où sortirait la prospérité. Seulement, une fois les prodémocraties installés aux commandes de l'État, la réalité est apparue massive non seulement à leurs yeux mais aussi à ceux des secteurs sociaux qui attendaient des améliorations économiques. Or, on ne change pas une situation aussi catastrophique par un simple changement de la direction politique d'un pays »[208].

Abordant dans le même sens, Guy Hermet considère que, « dans les vieilles démocraties, le système démocratique a émergé sans avoir été prémédité, et a pu se développer progressivement, indépendamment des performances économiques, même si les bénéfices sociaux qu'il a apportés ont contribué à le légitimer »[209]. Dans les pays africains, à l'inverse, on attendait forcément des régimes démocratiques qu'ils se construisent tout en reconstruisant des économies dévastées et en résolvant rapidement les problèmes sociaux. Malheureusement, l'évolution de la situation économique a démontré le contraire. Les expériences du Niger et du Bénin illustrent parfaitement, comment la situation économique d'un pays peut-elle conduire à l'effondrement de la démocratie selon les performances du régime[210].

---

[208]Mamoudou GAZIBO., *Supra.note.195, p.40.*

[209] *Ibid.*

[210] Niger : de la crise économique au coup d'état. En 1991, la conférence nationale du Niger a nommé un gouvernement de transition chargé d'assainir l'économie et d'organiser des élections générales. En l'absence

Toutefois, faut-il préciser qu'à l'exception du Niger, de la Côte d'Ivoire et du Bénin, les capacités économiques de certains Etats africains ont été rapidement restaurées, au moins suffisamment pour calmer les revendications sociales. Aussi, durant cette période « d'instabilité économique » l'aide extérieure s'est révélée importante pour amoindrir les risques de déstabilisation et de déséquilibre économique dans certains pays. Toutefois, si le Bénin a largement bénéficié de la fameuse prime à la démocratie, il n'en a pas été de même pour les autres pays[211].

Enfin, peut-on conclure que, la crise économique des années 80 a sévèrement freiné l'émergence de la démocratie et des droits de l'homme en Afrique. Elle a entrainé un déséquilibre social, et provoqué le chômage, la précarité et la pauvreté dans les Etats.

---

d'amélioration de la situation financière de l'État, les nouvelles autorités ont rapidement fait face à trois mouvements sociaux déstabilisants. D'abord, l'insolvabilité de l'État a nourri des mutineries chroniques dans l'armée, les militaires revendiquant le paiement de leurs soldes. Ensuite, les étudiants, qui ont été les fers de lance du mouvement de revendication de la démocratie à travers leur Union des scolaires nigériens, ont pourtant fini par engager une désobéissance civile à la fin de l'année 1995 en organisant des manifestations quasi quotidiennes. Enfin, les fonctionnaires de l'État réunis au sein de l'Union des syndicats des travailleurs du Niger ont entamé de leur côté une série de grèves sectorielles en vue d'obtenir le paiement de leurs salaires. C'est dans ce contexte que s'est développée une crise institutionnelle entre le président de la République et son premier ministre soutenu par l'Assemblée nationale. Voir précisément Mamoudou GAZIBO., *op.cit*, p.28.

[211] La prime à la démocratie au bénin. Le Bénin est l'un des rares pays à avoir réellement perçu une prime à la démocratie : les États-Unis ont annulé la totalité de leurs créances. Le Club de Paris a allégé 50 % de la dette publique du pays. La France et l'Allemagne, après deux visites conjointes de leurs ministres de la Coopération en l'espace de six mois, ont multiplié dons et « rallonges spéciales », au point de subventionner la démocratie, en 1991, à une hauteur s'approchant de 50 000 francs CFA par habitant. Voir M. GAZIBO., op.cit.

Dès lors, pour corriger l'insuffisance des performances économiques et renforcer la gestion démocratique des Etats africains, la communauté internationale, à travers ses instruments économique et financiers, adopta un plan de redressement des économies africaines. C'est ainsi que les institutions financières internationales telles que le fonds monétaire international (FMI) et la banque mondiale (BM) ont adopté des programmes d'aides économiques, pour soutenir les économies des Etats africains. Reste à savoir si ces mesures seront efficaces pour relancer les économies africaines et restaurer la démocratie ?

B. L'insuffisance des aides économiques extérieures

Afin de mieux cerner le mécanisme des programmes d'ajustement structurel, il sied, en amont de toute analyse substantielle, de préciser que les pays africains, pris individuellement constituaient la majorité des pays en voie de développement (PED). Des pays dont le niveau de développement économique était relativement faible, contrairement aux pays développés, où le niveau de vie élevé des populations rivalisait avec une croissance économique démesurée.

Par ailleurs, faut-il souligner que la faiblesse des économies africaines était l'un des facteurs déterminants de l'instabilité politique et démocratique sur le continent. Même si l'absence de croissance n'était guère synonyme de pauvreté, elle creusait tout de même le fossé de l'illégalité sociale, de la corruption et de la discrimination dans la répartition des richesses du pays. Dans ces conditions, le soutien des institutions financières internationales s'est révélé alors impérieux et primordial.

En effet, depuis la fin des années 70, période avant l'avènement de la démocratie, le Fonds monétaire international et la Banque mondiale soutenaient les économies africaines à travers différents programmes, qui mettaient en avant les principes de bonne gouvernance.[212]En 1980, lors de la grande crise économique occasionnée par la mauvaise gouvernance et la gestion arbitraire de l'économie, les institutions de Bretton Woods ont apporté leur soutien aux pays africains.

En effet, pour aider les Etats africains à surmonter les conséquences de la crise, les institutions financières ont adopté des programmes d'ajustement structurel. Jusqu'à aujourd'hui, ces deux institutions continuent

---

[212] Le concept de bonne gouvernance tire son origine des institutions financières. Dans le contexte d'une économie internationale d'endettement dans les années 70, le FMI et la Banque Mondiale sont intervenus dans la détermination des politiques des pays endettés, notamment au travers des programmes d'ajustement structurel (programmes de réformes économiques). La Banque Mondiale prônait l'État minimum. Mais au vu des nombreuses critiques et de l'inefficacité de ces programmes, la Banque Mondiale change de discours et prône alors l'État au service du marché. La notion de la bonne gouvernance fait alors son apparition dans la publication par la Banque Mondiale du rapport sur l'Afrique Sub-saharien en 1989. Dans ce bilan, la Banque Mondiale justifie l'impossibilité d'application de son programme d'ajustement structurel, par le manque de bonne gouvernance des pays concernés. L'appareil étatique doit être d'avantage efficient, fort et autonome afin d'avoir les capacités de mettre en place les programmes de la Banque Mondiale et développer une économie stable et compétitive. Voir : Sophie CHEVALLIER, « Le concept de la bonne gouvernance dans les politiques de développement des institutions de Bretten Woods et de l'Union Européenne », *MBDE*, 11/12/11, p.4.

d'octroyer des prêts aux pays africains pour soutenir leurs économies.

Ces programmes d'ajustement contenaient des mesures d'ajustement ou de redressement économique adoptées par les Institutions (FMI et BM) en réponse à la crise financière d'endettement que traversait les pays africains. Concrètement, elles consistaient à accorder des prêts aux Etats africains sous certaines conditions, dont l'objet premier était de boucler les finances publiques et combler les déficits budgétaires. Ces mesures se traduisaient également par l'adoption d'un ensemble de réformes visant à retrouver les grands équilibres macro-économiques et financiers, afin de remettre l'économie sur un sentier durable de croissance. En d'autres termes, on fournissait de l'argent pour aider les pays à s'ajuster, et les fonds n'étaient accordés que si le gouvernement mettait en place les réformes proposées par les créanciers.

Sur la « conditionnalité », ces prêts étaient accordés à condition que le gouvernement du pays endetté adopte un programme de stabilisation économique, ainsi que des réformes structurelles profondes.

Les Institutions financières profitaient de cette aubaine pour injecter dans les mesures de redressement, des normes en matière de démocratie et des droits de l'homme. La description des mécanismes de mise en œuvre de ces programmes a révélé le niveau profond d'implication de la Banque mondiale et du Fonds monétaire international dans la conduite et la gestion des affaires publiques des États africains endettés. En effet, une fois le prêt accordé, les performances étaient étroitement surveillées sur une base trimestrielle par les institutions. Les décaissements se faisaient en plusieurs tranches et pouvaient être interrompus si les réformes n'étaient pas correctement appliquées[213].

Dans la plupart des pays africains endettés, les gouvernements élaborèrent sous la supervision et le contrôle de la BM et du FMI un document cadre politique, désigné sous le vocable DCP, que ces dernières contresignèrent directement afin de marquer son caractère *contraignant.* Les actions du Fonds monétaire international étaient coordonnées avec celles de la Banque mondiale – et la répartition des tâches entre ces deux Organisations s'opérait de la manière suivante : le Fonds monétaire international s'occupait des négociations concernant le taux de change et le déficit budgétaire d'une part, et la Banque mondiale de son côté était impliquée dans le processus de réforme structurelle par l'intermédiaire de son bureau dans le pays endetté et de ses nombreuses missions techniques d'évaluation d'autre part. En sus, la Banque mondiale était présente dans les principaux ministères du gouvernement du pays endetté afin d'établir le cadre sectoriel de l'ajustement structurel.

Les réformes dans les secteurs de la santé, de l'éducation, de l'agriculture, des transports, et autres, étaient menées sous la surveillance de la Banque

---

[213] Mamoudou GAZIBO., *op.cit,p.31.*

mondiale. Cependant, malgré l'apport substantiel des Institutions de Bretten Woods, la plupart des pays africains ont demeuré sous le seuil de pauvreté, en raison des politiques de surendettement et d'une crise de gouvernance économique toujours présente sur le continent[214].

Jusqu'en décembre 2019, les dettes contractées par la plupart des pays africains s'élevaient à des centaines de millions de dollars chacun[215]. Un chiffre qui a évolué depuis l'avènement de la crise sanitaire mondiale – si bien qu'aujourd'hui, les pays africains sont classés parmi les pays les plus endettés du monde.

Finalement, peut-on observer que malgré ces programmes d'aides économiques et les mesures de redressement économique, l'économie des pays africains demeure à un niveau « faible » – même si certains pays tels que la Côte d'Ivoire, le Nigéria, le Rwanda, le Sénégal essaient de se démarquer des autres – ces pays ont amorcé une croissance positive ces dernières années. On se demande fort bien, si cette situation ne serait pas aussi la conséquence d'une crise de gouvernance économique naturellement liée à la crise de gouvernance politique ?

En effet, puisqu'il n'y a pas de vraie séparation entre la fonction et la personne qui l'occupe (arrivée au

[214] Frédéric BOLA., *Mondialisation et bonne gouvernance en Afrique subaérienne : la stratégie de la résistance lucide pour sortir de la dépendance internationale,* Harmattan. https://www.editions-harmattan.fr/auteurs/article_pop.asp?no=5974&no_artiste=10190

[215] Nelly FUALDES., « Dettes africaines : quels sont les pays les plus exposés », *Jeune Afrique,* 02 juillet 2020,p.1.

pouvoir en général par la force), il n'y a pas non plus de mécanismes de limitation du pouvoir. Ce déficit de mécanismes de limitation du pouvoir laisse la porte ouverte à la corruption et aux abus des biens publics. Certains opérateurs économiques profitant de leur position dominante, orchestrent des détournements de fonds publics.

Au gré de toutes ces considérations, peut-on conclure que la mauvaise gestion du pouvoir d'État, apparaît comme une composante centrale dans le déclenchement des conflits, et favorise le déficit démocratique sur le continent.

Par ailleurs, faut-il souligner que les pays africains ont longtemps baigné dans le néo-patrimonialisme. Or, dans un tel régime, il n'y a pas véritablement de politique économique à long terme[216]. En vertu de la logique de confusion des secteurs publics et privés, de la personnalisation du pouvoir et de la redistribution clientéliste des richesses, deux phénomènes sont corrélatifs à ce régime. D'une part, l'État devient le lieu principal d'enrichissement et de promotion sociale et, d'autre part, les élites ont tendance à se cliver entre des *insiders* profitant du système et des *outsiders* qui en sont exclus. Cette situation produit assurément des brèches dans la démocratie et constitue une source de conflit ethnique ou religieux à long terme ; et c'est à juste titre que Tom PORTEUS considère « les conflits comme l'extension logique des faiblesses et de la faillite

---

[216] M. GAZIBO., op.cit, p. 190-213.

économique et politique des États africains, à laquelle s'ajoutent des transformations économiques sur le plan international »[217].

En plus de la gestion clientéliste de l'économie, les troubles sociopolitiques affectent la gestion correcte des affaires publiques et empêchent l'économie de fonctionner normalement. Face à cette triste réalité, la banque mondiale et le fonds monétaire international n'hésitent pas à prendre des sanctions à l'encontre des pays soufrant du déficit démocratique. C'est ainsi que lors du coup d'Etat militaire survenu au Mali en 2021, la banque mondiale a suspendu ses opérations dans le pays. Dans un communiqué publié le 5 juin 2021 à cet effet, l'institution financière a déclaré :

« À la suite des évènements du 24 mai 2021, nous avons demandé à nos services de décaissement d'observer une pause temporaire des décaissements, jusqu'à ce que la situation soit plus claire. Cette pause se traduit par le non-traitement des demandes de décaissements reçues après le 24 mai, et de celles reçues mais non traitées avant le 24 mai. Ainsi, dans le cadre de la mise en œuvre de vos projets et dans le but d'assurer un suivi fiduciaire approprié du portefeuille durant la période de la pause, nous vous invitons à suivre les mesures transitoires ci-dessous relatives à la gestion financière et à la passation des marchés »[218].

En somme, il convient de retenir que la crise économique et l'insuffisance des programmes d'aides

---

[217] *Ibid.*

[218] Voir : Journal le point Afrique, actualité du 5 juin 2021 : https://www.lepoint.fr/afrique/mali-la-banque-mondiale-suspend-ses-operations-financieres-05-06-2021-2429709_3826.php

économiques, ont largement contribué à l'affaiblissement de la cause démocratique – et partant, ont freiné l'émergence des droits de l'homme en Afrique. Aujourd'hui, ces déficits économiques constituent avec les conflits militaro-politiques, les coups d'état militaire et constitutionnel, les guerres civiles et le terrorisme, le tribalisme et la corruption, les causes profondes de l'instabilité démocratique sur le continent africain. Dans ce contexte particulièrement hermétique, il convient d'envisager de nouvelles perspectives pour l'émergence d'un « état de droit démocratique » en Afrique **(Chapitre 2)**.

Chapitre 2

Les perspectives souhaitées

Au regard de toutes ces considérations d'ordre normative et prétorienne, précédemment étudiées, peut-on observer à juste titre que, le continent africain souffre d'un déficit démocratique apparent. L'ineffectivité démocratique découle, en partie, de l'instabilité politique et sécuritaire que traverse le vieux continent depuis plusieurs décennies : les guerres civiles, les conflits post-électoraux et les changements anticonstitutionnels de gouvernement, les coups d'état ainsi que la menace terroriste entravent l'émergence de la démocratie et des droits de l'homme dans les sociétés africaines.

Dès lors, pour relancer le processus de « consolidation » de la démocratie et des droits de l'homme en Afrique, il est judicieux d'envisager de nouvelles perspectives. Ainsi, comme perspectives, il convient, à notre avis, de renforcer les mécanismes de sanction internationales et régionales contre les pratiques anti-démocratiques et les violations des droits humains (section 1). Au surplus, il faut adapter l'exigence démocratique aux attentes des peuples africains en matière de développement et des droits humains, et ce, en préconisant une approche centrée sur la protection de leurs droits et libertés (section 2).

Section 1 : L'exigence des mécanismes de sanction efficaces contre les actes antidémocratiques

La consolidation de la démocratie en Afrique nécessite la mise en place des mécanismes de sanctions efficaces qui permettent aux organisations internationales et régionales, de veiller au respect des principes démocratiques et des droits de l'homme.

De ce fait, l'ONU et l'UE doivent envisager des mécanismes de sanctions contre les pratiques antidémocratiques et les violations des droits de l'homme en Afrique (paragraphe 1). De même, au niveau des organisations régionales africaines, l'UA et la CEDEAO pourraient renforcer leurs mécanismes de sanctions existants, avec le concours de la Cour Africaine des Droits de l'Homme et des Peuples (paragraphe 2).

Paragraphe 1 : La mise en œuvre des mécanismes de sanction au niveau onusien et européen

Les changements anticonstitutionnels de gouvernement et les violations graves des droits humains, sont de près, les principaux obstacles de la gouvernance démocratique en Afrique. Dès lors, pour y faire face, l'organisation des Nations Unies et ses partenaires internationaux doivent adopter des sanctions, en cas de violation des principes démocratiques et des droits humains (A).

Par ailleurs, l'UE doit, à son tour, intégrer dans sa politique étrangère, notamment dans les accords de coopération économique avec les pays ACP, des mécanismes de sanction contre toute forme de violation des droits de l'homme et des principes démocratiques (B).

A. L'exigence des sanctions au niveau onusien

La légitimité démocratique dont découle l'idée fondamentale de la gouvernance démocratique en droit international, tire son origine des traités fondamentaux de protection des droits de l'homme. En effet, l'article 21 par.3 de la déclaration universelle des droits de l'homme de 1948, texte de référence en matière de protection des droits humains et des libertés fondamentales dans le cadre onusien, prévoit :

« La volonté du peuple est le fondement de l'autorité des pouvoirs publics ; cette volonté doit s'exprimer par des élections honnêtes qui doivent avoir lieu périodiquement, au suffrage universel égal et au vote secret ou suivant une procédure équivalente assurant la liberté du vote. »[219]

Par analogie, l'article 25-b du pacte international relatif aux droits civils et politiques de 1966 prévoit également :

« Tout citoyen a le droit et la possibilité, sans aucune des discriminations visées à l'article 2 et sans restriction déraisonnables (...) de voter et d'être élu, au cours d'élections périodiques, honnêtes, au suffrage universel et égal et au scrutin secret, assurant l'expression libre de la volonté des électeurs. »[220]

De ces dispositions fondamentales découlent deux obligations substantielles pour les Etats parties : l'obligation générale d'organiser des élections

---

[219] Voir : Article 21 § 3 de la déclaration universelle des droits.doc.pdf, Site officiel des Nations Unies.

[220] Voir : Article 25 (b) du pacte international relatif aux droits civils et politiques, Doc pdf : site officiel des Nations Unies.

périodiques et honnêtes d'une part ; et l'obligation spécifique d'assurer la participation inclusive et effective de tous les citoyens à la gestion des affaires publiques de leur pays d'autre part.

S'agissant de la première obligation, les organes de l'Etat chargés d'organiser les élections doivent mettre tout en œuvre pour garantir des élections pacifiques, démocratiques, en conformité avec les normes internationales et les normes constitutionnelles propres à chaque pays.

S'agissant de la deuxième obligation, les articles 21 par.3 et 25-b semblent établir dans une large mesure, le droit pour tout citoyen de participer librement à la gestion des affaires publiques de son pays. Ce droit fondamental implique aussi bien le libre accès des citoyens aux services publics de leur pays sans aucune discrimination fondée sur la race, la religion, le sexe ou l'ethnie – ainsi que la participation des citoyens aux organes de prise de décision. En sus, le droit fondamental à la « libre participation » implique également la possibilité pour les citoyens de prendre part librement aux échéances électorales en vue d'être élu ou d'élire démocratiquement les gouvernants de leur pays.

Le droit à la libre participation devient alors un principe « sacrosaint » que l'organisation des Nations Unies et ses organes doivent promouvoir en Afrique. À cette fin, l'Organisation doit encourager ses Etats membres, notamment africains, à se conformer à cette exigence – en organisant des élections démocratiques.

Par ailleurs, à travers les mécanismes de sanction qui existent déjà au niveau onusien, l'Organisation universelle pourrait prononcer des sanctions[221] ou des mesures conservatoires à l'encontre d'un Etat qui viole les principes démocratiques, notamment lorsque cet Etat porte atteinte au droit des citoyens de participer à une élection présidentielle, législative, régionale ou municipale. D'ailleurs, toute exclusion, quel que soit sa forme ou sa teneur est contraire au droit international - par conséquent, elle doit être sanctionnée comme une violation des droits de l'homme.

Il est certain que sanctionner un Etat pour avoir violé des *obligations* démocratiques peut paraître à certains égards ambitieux, voire audacieux pour l'ONU, car l'Organisation est contrainte par le principe de *spécialité*, qui l'empêcherait d'intervenir directement dans un domaine qui touche à l'organisation politique interne d'un Etat, donc, qui concerne un attribut essentiel de la souveraineté étatique. Dès lors, exiger d'un Etat le respect des principes démocratiques aux moyens de sanctions ne serait-il pas contraire à l'article 2 par.1 et 7 de la charte des Nations unies ?

Conformément à l'article 2 par.1 de la Charte, *« l'Organisation est fondée sur l'égalité souveraine de ses*

---

[221] La notion de sanction ne renvoie pas nécessairement à une « punition » à proprement dit, mais aussi et surtout comme un moyen de faire cesser un acte illicite. Ainsi, l'imposition de sanctions obligatoires permet d'exercer une pression sur un État afin qu'il se conforme aux objectifs fixés par le Conseil de sécurité sans qu'il soit nécessaire de recourir obligatoirement à la force armée. Voy : Iris LETSCHERT., « Le pouvoir de sanction des Nations unies », *les blogs pédagogique,* 2010, p.1.

Etats membres ». Cette disposition est complétée par l'article 2 paragraphe 7 de la Charte qui énonce clairement que, *« l'Organisation doit s'abstenir d'intervenir dans les affaires intérieures de ses Etats membres ».*[222]

Si l'analyse textuelle de ces articles ne laisse aucune possibilité à l'Organisation d'intervenir directement dans le choix du modèle politique de ses Etats membres, ils permettent cependant à l'ONU de promouvoir l'obligatoriété démocratique à travers les traités internationaux relatifs aux droits de l'homme et à la démocratie. En effet, la légitimité démocratique étant un principe universellement reconnu, consacré par les traités de droits de l'homme ayant un effet contraignant (en ce qui concerne le PIDCP) pour les Etats signataires, les Etats doivent s'y conformer, et si ce n'est pas le cas, l'Organisation doit être en mesure de prononcer des sanctions « objectives » à l'encontre des Etats qui ne respectent pas leurs obligations démocratiques.

Ces dernières années, l'Organisation s'est illustrée, en révulsant toute forme de changement anticonstitutionnel de gouvernement en Afrique. Par exemple, en 2021, après le coup d'Etat contre le gouvernement de transition malienne, le 26 mai 2021, le Conseil de sécurité a condamné fermement l'arrestation du Président et du Premier ministre chargés de la transition, ainsi que d'autres responsables incarcérés, par des éléments des forces armées.

---

[222] V : Article 2 paragraphe 7 de la charte des Nations Unies, Doc.pdf, Disponible sur le site officiel de l'Organisation.

Le Conseil a estimé *« qu'imposer un changement de direction de la transition par la force, y compris par des démissions forcées, est inacceptable et incompatible avec la démocratie.* ». Par conséquent, il a exigé la libération immédiate et inconditionnelle de tous les responsables politiques détenus et, a exhorté les éléments des forces de défense et de sécurité à regagner leurs casernes sans délai. Le Conseil de sécurité a également exigé la reprise immédiate de la transition menée par les civils, sous la coupe des militaires depuis l'été 2020, dans le délai de 18 mois établi conformément à la charte de la transition[223].

Cependant, faut-il souligner que ces condamnations n'ont aucun effet contraignant, car il s'agit de simples déclarations que les Etats ont du mal à mettre en application. Ce caractère non obligatoire conduit parfois les destinataires de ces déclarations à ne pas s'y conformer en invoquant la souveraineté. Et pourtant, les changements anticonstitutionnels de gouvernement, ainsi que toute violation des principes démocratiques provoquent très souvent, comme c'est souvent le cas en Afrique, des violences interarmées ou interethniques – qui fragilisent la paix et la sécurité internationales. Dès lors, pour donner un effet contraignant à ces déclarations en vue de préserver la paix, le Conseil de Sécurité et l'Assemblée Générale doivent adopter

[223] Voir : Extrait de la déclaration du conseil de sécurité de l'ONU, du 25 mai 2021, sur le coup d'Etat au Mali contre le gouvernement de transition, Doc pdf, Disponible sur le site officiel de l'Organisation.

ces déclarations dans le cadre des résolutions ou de recommandations de l'ONU.

Par ailleurs, ces déclarations doivent être accompagnées de mesures conservatoires et de sanctions politiques, économiques ou financières ciblées, prononcées à l'encontre des autorités militaires ou civiles, auteurs de coup d'Etat et de violation des droits humains. Ces sanctions peuvent concerner l'interdiction de voyager dans un Etat membre pour ces autorités, ou encore la suspension de l'Etat fautif des instances de l'Organisation comme cela se fait déjà au niveau régional.

En outre, l'Organisation peut décider d'un embargo militaire et économique contre les putschistes, en demandant également à ses Etats membres de suspendre toute coopération économique et financière avec les autorités militaires en place[224]. Dans certaines circonstances, l'Organisation des Nations Unies peut procéder à la non-reconnaissance d'un gouvernement

224 Le problème de la reconnaissance juridique d'Etat et de gouvernement occupe dans la doctrine du droit international une place de choix ; il a suscité une littérature abondante, engendré de remarquables constructions théoriques, donné lieu à des prises de position divergentes. Si l'étude du problème a permis de dégager les lignes directrices concernant les effets de la reconnaissance ainsi que les conditions de forme dans lesquelles elle est accordée, le débat reste toutefois largement ouvert en ce qui concerne les conditions de fond que doit remplir une entité territoriale ou un gouvernement pour obtenir la reconnaissance. On peut ranger parmi ces conditions : l'effectivité du pouvoir établi, des assises territoriales bien délimitées, la stabilité gouvernementale, sa volonté et son aptitude à respecter les obligations internationales, et enfin, le consensus des populations administrées. Voir : Romain YAKEMTCHOUK., *À propos de quelques cas de reconnaissance d'Etat et de gouvernement en Afrique*, Doc,pdf.p.1.

issu d'un changement inconstitutionnel ou antidémocratique.

De ce fait, elle peut rejeter tout gouvernement issu d'un coup d'Etat militaire, constitutionnel ou électorale (le passage en force contre les résultats du scrutin), et inviter ses Etats membres à rompre les relations diplomatiques et toute coopération économique avec ce gouvernement illégalement constitué. En d'autres termes, contraindre les gouvernants arrivés illégalement au pouvoir, à se conformer aux exigences démocratiques[225] comme ce fut le cas de Haïti en 1991, où l'ONU avait reconnu Jean-Bertrand Aristide, démocratiquement élu et renversé par un coup d'Etat, comme Président et représentant légal de Haïti à l'ONU – rejetant ainsi le gouvernement issu du coup d'Etat[226].

De même, en République de Côte d'Ivoire, après le second tour des élections présidentielles de 2010, l'ONU avait reconnu Alassane Ouattara comme Président et représentant légal de la République de Côte d'Ivoire[227]. Ainsi, la non-reconnaissance de gouvernements illégalement constitués ou issus d'un coup d'Etat peut être envisagée comme un moyen de répression et de prévention de violation des droits de l'homme et des principes démocratiques.

Au surplus, ces mécanismes de sanctions qui paraissent pour le moins, « efficaces », peuvent contraindre les Etats à respecter leurs engagements

---

[225] Romain YAKEMTCHOUK., *Op.cit.*
[226] Zied AYARI., *Op.cit.*
[227] Riman VAN., *Op.cit, p.165-171.*

internationaux en matière de démocratie et des droits de l'homme. De ce fait, l'Organisation contribuera *efficacement* à la consolidation de la démocratie en Afrique, et pourrait même inviter d'autres organisations internationales comme l'Union Européenne à en faire de même.

B. Les sanctions de l'EU contre les violations des droits de l'homme et des principes démocratiques en Afrique

Il est fort utile de rappeler que L'Union Européenne est un acteur majeur de la « vulgarisation » des principes démocratiques et des droits humains en Afrique. Depuis sa création en 1957, l'Union a mené des actions opérationnelles et normatives en faveur de la démocratie et des droits de l'homme partout dans le monde. Dès la chute du mur de Berlin en 1989, l'Organisation a opté pour une politique étrangère axée sur l'obligatoriété démocratique. Ainsi, dans le cadre de sa coopération avec les Etats tiers, l'Union a adopté une politique de « conditionnalité démocratique » axée sur le respect des droits humains et des principes démocratiques.[228]

La conditionnalité démocratique est le corolaire de la politique française d'aide au développement, accordée aux pays africains. En 1990, à la Baule, dans un discours devenu célèbre (le discours de la Baule), le

[228] Marie Elisabeth LEBRUN, *op.cit.*

Président français, François Mitterrand invitait les pays africains à faire des pas significatifs vers la démocratie, précisant à cet effet que, la France ne sera ami qu'avec ceux qui s'inscriront dans cette démarche.[229]

Dans le cadre de l'Union européenne, la conditionnalité démocratique est un pilier essentiel de la politique extérieure de l'Organisation. Elle consiste, en effet, pour l'UE, à octroyer des aides et des avantages commerciaux aux Etats tiers sous certaines conditions. Il s'agit pour ces derniers, de se conformer aux exigences internationales et européennes en matière de démocratie et des droits de l'homme. En d'autres termes, les partenaires de l'Union souhaitant bénéficier des avantages commerciaux ou des aides spécifiques, doivent s'engager à respecter les principes démocratiques et les droits de l'homme.

C'est ainsi que dans le cadre de l'accord de Cotonou signé le 23 juin 2000 et qui fixe le cadre juridique des accords de partenariat économique ACP-UE, les partenaires ACP-UE se sont engagés à promouvoir un environnement politique stable et favorable à la démocratie, en ces termes :

« La Communauté et ses États membres, d'une part, et les États ACP, d'autre part, ci-après dénommés ''parties '', concluent le présent accord en vue de promouvoir et d'accélérer le développement économique, culturel et social des États ACP, de contribuer à la paix et à la sécurité et de

---

[229] Voir : *Extrait du discours de la Baule.* https://www.herodote.net/19_21_juin_1990-evenement-19900620.php.

promouvoir un environnement politique stable et démocratique. »[230]

Cette exigence apparait également dans le nouvel accord post-Cotonou, qui prévoit toute une section réservée aux droits de l'homme, à l'état de droit et à la démocratie[231]. L'accord de Cotonou marque ainsi l'aboutissement d'une volonté réelle des partenaires ACP-UE de s'investir résolument dans la promotion des valeurs démocratiques en Afrique, dans les Caraïbes et dans le Pacifique.

Depuis sa mise en œuvre, la conditionnalité démocratique a apporté un souffle nouveau au processus de démocratisation africain : grâce aux accords de partenariat économique, les Etats africains ont intégré l'obligatoriété démocratique dans leur programme de développement, de sorte que, depuis le début des années 2000, la démocratie occupe une place prépondérante dans l'organisation politique interne des Etats africains partenaires de l'UE[232] – comme en témoigne, la pluralité des partis politiques, des organisations de la société civile et l'organisation périodique des élections sur le continent.

Toutefois, nonobstant ces avancées notables, force est de constater que la politique de conditionnalité démocratique de l'UE, n'a cependant pas résolu toutes les problématiques liées à l'instabilité démocratique en Afrique.

---

230 Voir : Article 1 de l'Accord de Cotonou du 23 juin 2000.doc.pdf.
231 Voir : L'Accord post-Cotonou sur le partenariat économique ACP-UE.
232 Marie Elisabeth LEBRUN., *op.cit.*

D'abord, sur le plan normatif, les instruments de coopération économique et les clauses de conditionnalité démocratique ne prévoient aucune procédure de contrôle et de surveillance de l'application des clauses démocratiques. En outre, les clauses de conditionnalité démocratique ne prévoient aucun mécanisme de sanction permettant à l'Union ou à un organe indépendant (désigné par les Parties), de sanctionner concrètement et efficacement les Etats contrevenants, en cas de non-respect des obligations démocratiques. Il en est de même pour les clauses relatives aux droits de l'homme. Il s'ensuit qu'en cas de violation grave des droits de l'homme et des principes démocratiques, aucune sanction (normative) ne sera prononcée à l'encontre de l'Etat ou des autorités étatiques coupables de ces violations.

Dans la plupart des cas, face à la violation des principes démocratiques, l'Union s'est contentée de condamner les comportements antidémocratiques, sans cependant, prononcer des sanctions à l'encontre des Etats démocratiquement irresponsables. Par exemple, en 2012, après le coup d'Etat illégalement orchestré contre le gouvernement légitime de la Guinée Bissau, le Parlement européen a adopté une résolution dans laquelle, l'Institution a condamné avec la dernière énergie la prise du pouvoir non-constitutionnelle par les militaires, sans toutefois, prononcer des sanctions (économique, diplomatique ou judiciaire) à l'encontre des auteurs de coup d'Etat. Au contraire, le Parlement européen a mis en garde contre toute tentative extérieure qui, porterait atteinte à la souveraineté, à l'intégrité territoriale ainsi qu'à l'indépendance du peuple de la Guinée Bissau.[233]

De même, dans le cas du coup d'Etat survenu au Mali le 26 mars 2021, l'UE a jugé incompatible avec la démocratie, le coup de force d'Assimi GOÏTA contre le gouvernement légitime de la transition, sans prononcer des sanctions contre l'Etat malien et contre les dirigeants militaires illégalement installés au pouvoir. Et pourtant, la politique des sanctions devrait être utilisée comme moyen de pression et de dissuasion, afin de

---

[233] Voir : La résolution 2660 DU 03 juin 2012 du parlement européen, point 1-10 : *« Le parlement européen condamne avec la plus grande fermeté la prise de pouvoir non constitutionnelle par les forces armées de la Guinée-Bissau du 12 avril 2012; 2. Prend acte de la libération du président par intérim et du premier ministre le 27 avril 2012, et du fait qu'ils ont été contraints à quitter le pays, et exige que tous deux puissent exercer à nouveau librement et intégralement leurs droits civils et politiques; 3. Exige le respect absolu de l'intégrité physique de tous les fonctionnaires et des autres citoyens détenus par les rebelles militaires et appelle de ses vœux leur libération sans condition ainsi que la fin des violences, des pillages et des actes d'intimidation; 4. Condamne la répression violente des manifestations pacifiques revendiquant le rétablissement de l'état de droit, notamment de celle qui s'est déroulée le 25 mai 2012 à Bissau (…) 7. Rejette la mise en place du commandement militaire, du conseil national de transition et du gouvernement de transition autoproclamés, souligne qu'il ne reconnaît pas les institutions militaires et de transition autoproclamées et invite instamment la communauté internationale à le suivre dans ce sens; 8. Rappelle le principe de tolérance zéro formulé par la CEDEAO à l'égard d'un pouvoir obtenu ou maintenu par des moyens anticonstitutionnels et antidémocratiques et y souscrit; estime que l'accord de transition en Guinée-Bissau est en contradiction flagrante avec ce principe, viole la constitution du pays et légitime le coup d'État; 9. Exige le rétablissement immédiat de l'ordre constitutionnel et de l'état de droit ainsi que l'achèvement du processus électoral, y compris les élections législatives, afin de permettre à la population de la Guinée Bissau de décider de son avenir au moyen d'élections libres et régulières; 10. Condamne toutes tentatives extérieures visant à profiter de la situation actuelle et à remettre en question la souveraineté du peuple de Guinée-Bissau, ainsi que l'intégrité territoriale et l'indépendance de ce pays. »* Cf : Résolution 2660 du 13 juin 2012, du parlement européen. doc.pdf.

contraindre les autorités militaires à renoncer au pouvoir.

Dès lors, l'Union doit envisager dans ses instruments de coopération économique avec les pays africains, la possibilité d'adopter des sanctions normatives et punitives contre les Etats ou les individus qui agissent contrairement aux règles de la démocratie, en violation du droit international. Il pourrait s'agir par exemple : de l'interdiction de voyager sur le territoire de l'UE, le gel des biens et des avoies des auteurs de coup d'Etat, la suspension des APE, le retrait des aides et des avantages commerciaux accordés aux pays concernés. Une procédure spéciale permettant de déclencher ces sanctions, doit être prévue dans les APE à cet effet. Ces mesures ne sont guère exhaustives et peuvent être complétées par des poursuites judiciaires devant les juridictions internationales en cas de violation des droits humains – ou, en cas de violence ayant occasionné des pertes en vies humaines.

Enfin, sur le plan opérationnel, l'Union doit également accompagner les Organisations Non Gouvernementales, déjà engagées dans la promotion des droits humains et des valeurs démocratiques sur le continent africain. À cet égard, l'Union doit apporter à ses Organisations un appui financier, matériel et humain pour soutenir leurs actions.

Par ailleurs, l'Organisation doit assister les Etats dans leurs efforts de démocratisation – en leur apportant une assistance électorale, à travers l'envoi de mission européenne d'assistance technique, d'observation et de vérification des processus électoraux. Elle doit, en outre, mettre à leur disposition des experts pour conduire les processus électoraux et veiller au respect des normes démocratiques incluant les droits de l'homme et l'état de droit. L'envoi des missions internationales permet de vérifier la transparence, la crédibilité et la fiabilité du processus de vote et des résultats.

En somme, il convient de retenir que l'aide internationale à la démocratie en Afrique, doit être accompagnée de mécanismes de contrôle et de sanction efficaces, permettant aux organisations internationales et régionales de surveiller le respect des principes démocratiques et des droits de l'homme, en vue de renforcer les actions des organisations régionales africaines qui, ont déjà posé les premières bases des mécanismes de sanction en droit régional africain (paragraphe 2).

Paragraphe 2 : Les mécanismes de sanction et de contrôle en droit régional africain

Face à l'instabilité démocratique en Afrique et à la prolifération des changements anticonstitutionnels de gouvernement dans certaines régions du continent, l'UA et la CEDEAO ont élaboré des mécanismes de sanction (A), afin de freiner l'avancée des coups d'état et les violations des droits humains sur le continent. S'inscrivant dans la même logique, la Cour Africaine des Droits de l'Homme et des Peuples (CADHP) a étendu son champ de compétence aux processus électoraux, en protégeant le droit des peuples africains à la démocratie (B). Ces dernières années, la Cour a développé une jurisprudence importante en matière de contentieux électoraux – démontrant ainsi sa volonté de concilier l'exigence démocratique avec la protection des droits de l'homme. Se faisant, la Cour exerce un contrôle sur les processus électoraux en s'assurant que les droits des participants soient pleinement garantis.

A. Les mécanismes de sanction au niveau de l'UA et de la CEDEAO

Le vent de la démocratisation qui a soufflé sur l'Afrique à la fin de la guerre froide, n'a guère laissé indifférentes les organisations régionales africaines comme l'Union Africaine et la Communauté Economique des Etats d'Afrique de l'Ouest. Dès le début des années 90, ces deux Institutions africaines prirent part au processus de démocratisation africain, en mettant en place des mécanismes de contrôle et de sanction.

D'abord, au niveau de l'UA, ces mécanismes apparaissent dans la *déclaration d'Alger* adoptée en 1993 par les Etats membres de l'OUA. Dans ce document de portée régionale, les chefs d'Etat et de gouvernement de l'OUA rejettent toute forme de changement anticonstitutionnel de gouvernement.

À la naissance de l'Union Africaine en 2002, l'interdiction des changements anticonstitutionnels de gouvernement fut consacrée à l'article 30 du traité constitutif de l'UA. Conformément à ses dispositions :

« Les Gouvernements qui accèdent au pouvoir par des moyens anticonstitutionnels ne sont pas admis à participer aux activités de l'Union. »[234]

Les dispositions de l'article 30 du traité mettent en place une première forme de sanction au cas où, un changement anticonstitutionnel de gouvernement surviendrait dans un Etat membre. Cette consécration est aussi l'aboutissement de la *déclaration d'Alger* adoptée en 1993 dans le cadre de l'OUA, qui avait posé les premières bases de la prévention et la sanction des pratiques antidémocratiques.

En outre, en 2007, soit cinq ans après la naissance de l'Union Africaine, l'Organisation s'impliqua davantage dans le processus de démocratisation africain, en adoptant une charte africaine de la démocratie, des élections et de bonne gouvernance. Cet instrument de portée universel consacre un droit fondamental à la démocratie, dont les citoyens africains peuvent se prévaloir devant les instances juridictionnelles africaines. La Charte africaine de la démocratie, interdit également toute forme antidémocratique d'accession au pouvoir. Elle prévoit à cet effet, précisément à l'article 23 que :

« Les Etats parties conviennent que l'utilisation, entre autres, des moyens ci-après pour accéder ou se maintenir au pouvoir constitue un changement anticonstitutionnel de

---

[234] V : Article 30 du traité constitutif de l'Union Africaine.doc.pdf. Disponible sur le site officiel de l'Organisation.

gouvernement et est passible de sanctions appropriées de la part de l'Union »[235].

Ici, contrairement à l'article 30 du traité constitutif de l'UA, l'article 23 de la Charte de la démocratie étend la notion de changement anticonstitutionnel de gouvernement à « tout moyen illicite pour se maintenir au pouvoir ». Il en découle que toute manœuvre « anticonstitutionnelle » orchestrée par un gouvernement, dans le but de se maintenir au pouvoir, constitue aussi un changement anticonstitutionnel de gouvernement.

Au surplus, l'article 24 de la Charte prévoit également :

« *Au cas où il survient, dans un Etat partie, une situation susceptible de compromettre l'évolution de son processus politique et institutionnel démocratique ou l'exercice légitime du pouvoir, le Conseil de paix et de sécurité exerce ses responsabilités pour maintenir l'ordre constitutionnel conformément aux dispositions pertinentes du Protocole relatif à la création du Conseil de paix et de sécurité de l'Union africaine, ci-après dénommé le Protocole ».*[236]

L'autorisation est ainsi donnée au Conseil de paix et de sécurité de l'Union, en vue de maintenir l'ordre constitutionnel. Même si l'article ne précise ni les contours ni les formes que devraient revêtir l'intervention du Conseil, la pratique a démontré qu'il s'agit de sanction coercitive.

---

[235] V : Article 23 de la Charte africaine de la démocratie, des élections et de bonne gouvernance.doc.pdf.
[236] *Ibid.*

L'article 25 de la Charte, précise cependant, la nature des sanctions que peut prononcer l'Union à l'encontre de tout Etat ou de tout individu qui, se rendrait coupable de « faits antidémocratiques ». Il s'agit entre autres : de la suspension de l'Etat concerné des activités de l'Union ; de l'interdiction des auteurs de changements anticonstitutionnels de gouvernement de participer aux élections organisées pour la restauration de la démocratie ou d'occuper des postes de responsabilité dans les institutions politiques de leur Etat ; la poursuite de ces auteurs devant les juridictions compétentes de l'Union; l'interdiction pour les Etats membres d'accueillir sur leur territoire les auteurs de changements anticonstitutionnels de gouvernement ; la conférence des chefs d'Etat et de gouvernement peut également sanctionner tout Etat partie qui finance ou soutient un changement anticonstitutionnel de gouvernement contre un autre Etat ; elle peut appliquer également toute forme de sanction, y compris des sanctions économiques à l'encontre des auteurs de changements anticonstitutionnels de gouvernement.

S'inspirant de l'Union Africaine, la CEDEAO a également pris part au processus démocratique en Afrique. Dès 1993, dans le traité constitutif révisé, la démocratie est consacrée parmi les objectifs et les principes fondamentaux de la Communauté en ces termes :

« *Les hautes parties contractantes, dans la poursuite des objectifs énoncés à l'Article 3 du présent Traité affirment et déclarent solennellement leur adhésion aux principes fondamentaux suivants :g) respect, promotion et protection des droits de l'homme et des peuples conformément aux dispositions de la Charte Africaine des Droits de l'Homme et des Peuples ;I) promotion et consolidation d'un système démocratique de gouvernement dans chaque Etat Membre tel que prévu par la Déclaration de Principes Politiques adoptée le 6 juillet 1991 à Abuja.* »[237]

Cependant, l'engagement de la Communauté pour la démocratisation des systèmes politiques africains, prend effet avec l'adoption le 2 décembre 2001, d'un Protocole Additionnel sur la démocratie et la bonne gouvernance.

Le principal enjeu du Protocole est le développement de l'état de droit, la consolidation de la démocratie et l'adoption de principes communs de bonne gouvernance dans l'espace communautaire de la CEDEAO. Il constitue ainsi, un tournant décisif pour la construction politique d'une communauté régionale, qui se voulait au départ en 1975 essentiellement économique. Il vient ainsi compléter un volet spécifiquement consacré à la gouvernance.

Par ailleurs, le Protocole additionnel est à la fois un instrument indispensable à l'élaboration d'un cadre normatif de la bonne gouvernance et de la démocratie – et constitue un appui essentiel au développement économique et social de l'Afrique de l'Ouest[238].

---

[237] Voir : Article 4 points *g et i* du traité révisé de la communauté économique des Etats d'Afrique de l'Ouest (CEDEAO), doc.pdf. Disponible sur le site officiel de la Communauté.

[238] Mamadou DIALLO., *Le protocole additionnel de la CEDEAO : place et rôle dans la promotion de la démocratie et de la bonne gouvernance en Afrique de l'Ouest,* club du Sahel et de l'Afrique de l'Ouest/ OCDE, Paris, France, 2007, p. 3.

Tout comme la Charte africaine de la démocratie adoptée dans le cadre de l'UA, le Protocole additionnel de la CEDEAO institue un cadre normatif de prévention et de sanction des comportements antidémocratiques. À cet égard, dès la première section du protocole consacrée aux "principes de gouvernance constitutionnelle", l'article 1er par. a et b interdit toute forme anticonstitutionnelle d'accession au pouvoir d'Etat, en ces termes :

« a) Toute accession au pouvoir doit se faire à travers des élections libres, honnêtes, et transparentes. c) Tout changement anticonstitutionnel est interdit de même que tout mode non démocratique d'accession ou de maintien au pouvoir ».

Cet article sera renforcé par les dispositions de l'article 45 par. 1 et 2 qui disposent à cet effet :

« En cas de rupture de la Démocratie par quelque procédé que ce soit et en cas de violation massive des Droits de la Personne dans un Etat membre, la CEDEAO peut prononcer à l'encontre de l'Etat concerné des sanctions. 2. Lesdites sanctions à prendre par la Conférence des Chefs d'Etat et de Gouvernement peuvent aller par graduation : refus de soutenir les candidatures présentées par l'Etat membre concerné à des postes électifs dans les organisations internationales ; refus de tenir toute réunion de la CEDEAO dans l'Etat membre concerné ; suspension de l'Etat membre concerné dans toutes les Instances de la CEDEAO ; pendant la suspension, l'Etat sanctionné continue d'être tenu au paiement des cotisations de la période de suspension ».

Si le contenu de l'article 45 parait explicite, son application demeure cependant critique, voire problématique. En effet, au regard de ce qui précède, l'Union et la CEDEAO ont mis en place des mécanismes de contrôle et de sanction des pratiques antidémocratiques en Afrique. Ces dernières années, les mécanismes étudiés ont montré leurs limites et leurs « incapacités » à éradiquer les changements anticonstitutionnels de gouvernement et les violations graves des droits de l'homme sur le continent africain.

Depuis le début de la deuxième décennie du XXIe siècle, le nombre de coups d'Etat constitutionnels et militaires a considérablement augmenté sur le continent. De la destitution de Mamadou Tandja au Niger en 2010, en passant par l'éviction d'Amadou Toumani Touré au Mali en 2012, puis le coup d'Etat contre Mohamed Morsi en Egypte en 2013, jusqu'à la destitution de Robert Mugabe au Zimbabwe en 2017, l'éviction d'Oumar-El-Bechir au Soudan en 2019, puis le « déboulonnement » inconstitutionnel d'Ibrahim Boubacar Keita au Mali en 2020, le coup d'Etat poursuit son apogée, et s'est imposé au Burkina Fasso, au Niger et au Gabon.

Face à la prolifération des changements anticonstitutionnels de gouvernement, les Organisations africaines ont adopté des mesures, qui peinent à produire des résultats concrets. D'abord, au niveau de l'Union africaine, les mesures adoptées par l'Union pour sanctionner les auteurs de coups d'Etat, ne sont pas souvent appliquées par les Etats membres de l'Organisation. Par exemple, en 2010, le Burkina Fasso avait accordé l'asile au Capitaine Moussa Dadis Camara, alors que ce dernier était arrivé au pouvoir par un coup d'Etat militaire, qui avait causé la mort de feu Général Lassana Condé, deuxième Président de la République de Guinée[239]. À l'époque, ce dernier n'avait pas été extradé par Ouagadougou en Guinée pour être jugé.[240] Et pourtant, l'article 25, paragraphe 5 de la Charte de la démocratie, proscrit l'accueil des auteurs de coups d'Etat sur les territoires des Etats membres. En sus, ces dispositions interdisent aux Etats Parties d'accorder l'asile aux auteurs de changements anticonstitutionnels de gouvernement.

Par ailleurs, en plus de « l'inapplication » des sanctions par les Etats membres, subsiste la question de « l'inefficacité » des réactions de l'Union Africaine face aux changements anticonstitutionnels de gouvernement. En effet, il y a des cas, où l'Organisation condamne fermement les coups d'Etat, sans toutefois adopter des sanctions concrètes ni à l'encontre de l'Etat en cause, ni à l'encontre des putschistes. C'est ainsi qu'en 2019, au Soudan, après le coup de force des militaires contre le gouvernement démocratiquement élu, l'UA a condamné le « putsch », sans toutefois prononcer des sanctions à l'encontre des auteurs. De même, en 2020 au Mali, après le coup d'Etat d'Assimi GOÏTA, l'UA avait suspendu le Mali de ses instances,

---

[239] Yamoussa SIDIBE., *Le capitaine Moussa Dadis Camara : un phénomène guinéen,* Harmattan, p.5-10.
[240] Ibid.

sans pour autant prononcer des sanctions ciblées à l'encontre de ce dernier et ses complices.

Dans le cadre de la CEDEAO, les sanctions semblent beaucoup plus abouties que dans le cadre de l'Union Africaine. Dans certains cas, l'Organisation n'hésite pas à recourir à la force armée pour « rétablir l'ordre constitutionnel ». En effet, ces dernières années, l'Organisation sous-régionale a développé une autre approche du maintien de la paix – celle qui consiste à intervenir militairement dans un Etat membre, en cas de rupture de la démocratie.

C'est ainsi qu'en 2017, en Gambie, après le refus « inconstitutionnel » de Yahya Jammeh de céder le pouvoir à Adama Barrow démocratiquement élu, une « force d'instauration » de la démocratie est intervenue pour faire respecter la volonté du peuple gambien. Même si la campagne fut un succès, elle soulève tout de même la question de la légalité et de la légitimité internationale d'une telle opération. En d'autres termes, l'usage de la force armée en vue de restaurer la démocratie est-il conforme au droit international en vigueur ?

La réponse à cette interrogation nécessite une analyse profonde du principe de la légitimité démocratique, qui fonde et assoit la nature de la démocratie en droit international. Comme nous l'avions déjà relevé, en droit international, la légitimité démocratique est fondée sur les articles 21 par. b de la déclaration universelle des droits de l'homme et l'article 25 par.3 du pacte international relatif au droit civils et politiques.

Les dispositions de ces articles, consacrent le principe universel des « élections périodiques et honnêtes », comme moyen légitime et démocratique pour accéder au pouvoir d'Etat. Ce qui signifie qu'en dehors de ce cadre, tout gouvernement arrivé au pouvoir sans l'assentiment formel et solennel du peuple, serait jugé illégal et illégitime.

Ainsi, la légitimité démocratique préconise l'accession au pouvoir par des élections libres, inclusives et transparentes – en tant que moyen substantiel d'expression de la volonté du peuple. Dès lors, sont exclues du jeu démocratique, toutes manœuvres ou pratiques antidémocratiques orchestrées par des hommes politiques ou des militaires, dans le but de prendre le pouvoir ou de le conserver, soit par les armes, soit par l'emploi des méthodes inconstitutionnelles. Le principe des élections périodiques et honnêtes apparait alors, comme la clef de voute de la légitimité démocratique en droit international – et conforte ainsi, l'idée selon laquelle, la démocratie est un système politique dans lequel, les gouvernants sont choisis par le peuple à travers des élections libres, transparentes et inclusives. Par conséquent, l'emploi de la force armée pour accéder au pouvoir, semble à notre avis, disproportionner et contraire aux principes démocratiques.

Par analogie, l'usage de la force, en vue de faire « respecter » ou « restaurer » la volonté du peuple, serait *de jure*, un acte antidémocratique. Le caractère antidémocratique de l'acte découle assurément de son incompatibilité avec les valeurs intrinsèques de la démocratie. Car, la démocratie exige l'organisation des élections pour accéder au pouvoir. Par conséquent, dans l'hypothèse d'un coup d'Etat militaire, recourir à la force armée, en vue de restaurer l'ordre constitutionnel qui aurait été violé par des hommes en armes, serait incompatible avec la démocratie.

Par ailleurs, une telle intervention ne peut prospérer que si le désordre orchestré par les putschistes, constitue une menace *imminente* et *directe* pour la paix et la sécurité internationales. Reste à savoir si un coup d'Etat survenu à l'intérieur des frontières souveraines d'un Etat peut être qualifié comme tel ?

En outre, le recours à la force armée est strictement encadré par des principes et valeurs substantielles du droit international consacrés dans la Charte des Nations Unies. En principe, l'emploi de la force armée contre la souveraineté, l'intégrité territoriale ou l'indépendance politique d'un Etat est proscrit par le droit international. Cette interdiction apparait succinctement à l'article 2, par.4 de la Charte des Nations Unies.

La consécration du principe de non-recours à la force armée, s'inscrit dans la continuité des buts et objectifs des Nations unies, à savoir maintenir la paix et la sécurité internationales, afin de préserver les générations futures du fléau de la guerre qui, en l'espace d'une vie humaine, a causé d'indicible souffrance à l'humanité.[241] Cependant, fort de cette interdiction, le recours

[241] Voir : Le préambule de la Charte des Nations Unies.

à la force armée est autorisé, mais, strictement encadré par le droit international. En effet, les Etats ou les organisations régionales ne peuvent faire usage de la force qu'en cas de légitime défense conformément à l'article 51 de la charte des Nations Unies ; et dans l'hypothèse d'une autorisation expresse du Conseil de sécurité, ou à la demande de l'Etat sur le territoire duquel l'opération a lieu.

Dans l'hypothèse d'une opération militaire, l'emploi de la force armée par un Etat ou une organisation régionale, contre la souveraineté, l'intégrité territoriale ou l'indépendance politique d'un autre Etat, doit être approuvée par une autorité légale. Or en droit international, le Conseil de Sécurité des Nations unies est la seule autorité compétente pour autoriser ou valider *a priori ou a posteriori* l'emploi de la force armée.[242]

Ainsi, lorsque des gouvernements réunis au sein d'une organisation régionale, décident eux-mêmes qu'il y aurait des raisons légitimes de recourir à la force armée, sans obtenir *a priori ou a posteriori,* une

---

[242]La thèse selon laquelle des actions illégales peuvent malgré tout être considérées comme légitimes, a été développée par la Commission indépendante sur le Kosovo, dans le but d'essayer de justifier l'intervention de l'OTAN en Yougoslavie. Cela reste un raisonnement hautement problématique en droit international, puisqu'il substitue l'opinion morale personnelle du commentateur à un jugement collectif sur l'illégalité de l'action. Le droit international prévoit certes que dans certains cas une violation du droit peut être excusée à certaines conditions ; ainsi l'état de nécessité permet-il exceptionnellement de violer le droit pour que puisse être protégé un intérêt essentiel. La justification ou l'excuse de nécessité ne trouve toutefois pas à s'appliquer lorsque l'emploi de la force est en cause, parce que le Conseil de sécurité existe précisément pour autoriser une action illégale ou pour la valider a posteriori. Tel est le domaine de ce qui est légal, et dès lors légitime, sur la base de principes universellement admis. Voir : Mary O'OCONNELL, *Op.cit*, p. 13.

autorisation du Conseil de sécurité, ils créent des précédents, qui contribuent *de facto* et *de jure* à l'affaiblissement du système de sécurité des Nations unies. C'est ainsi qu'en 1999, la décision de l'OTAN d'employer la force au Kosovo sans l'autorisation du conseil de sécurité a permis au secrétaire d'État américain Colin Powell d'affirmer à propos de l'Irak que : *« The president has authority, as do other like-minded nations, just as we did in Kosovo ».*[243] En invoquant ainsi le précédent de Kosovo, il tente de légitimer l'invasion de l'Irak.

Dans d'autres hypothèses, pour éviter le cadre légal fixé par la charte des Nations Unies, des États vont se diriger vers les Organisations Régionales (OR) pour entretenir leurs guerres d'agression à des fins d'influence ou de domination dans une région. Pratiquement, ces États confient l'intervention militaire à une organisation régionale, qui aura moins de difficulté à obtenir une base juridique à son opération. Ainsi, le recours à une OR permet de donner une certaine légitimité à l'opération, et de lui trouver un fondement légal.

En effet, conformément à l'article 52 de la charte des Nations unies, les organisations régionales peuvent intervenir dans le domaine de la paix et de la sécurité internationales, pourvu que les activités entreprises soient compatibles avec les buts et principes des Nations Unies. Toutefois, l'article 53 de la Charte précise :

---

[243] *Ibid.*

« Qu'aucune action coercitive ne sera entreprise en vertu des accords régionaux ou par des organismes régionaux sans l'autorisation du conseil de sécurité ».

Il en résulte, *a contrario*, que si l'intervention militaire n'a pas été autorisée, *a priori ou a posteriori*, par le Conseil de sécurité, elle devient illégale et donc, contraire à la charte des Nations unies. C'est ainsi qu'en 2017, lors de la crise électorale survenue en Gambie, le Conseil de sécurité a affirmé son soutien sans réserve à la CEDEAO dans l'engagement qu'elle a pris de garantir, en privilégiant les moyens politiques, le respect de la volonté du peuple gambien, telle qu'elle ressort des résultats de l'élection du 1er décembre[244]. Ce soutien n'est ni un mandat ni une autorisation d'intervenir en Gambie, mais, peut être interprété comme une forme d'approbation des initiatives de la CEDEAO, en vue de faire respecter la volonté du peuple et restaurer la démocratie.

De ce qui précède, dans la situation d'un coup d'Etat militaire, toute intervention militaire d'une organisation régionale, en vue de restaurer l'ordre constitutionnel ou la démocratie, devrait être autorisée par le Conseil de sécurité.

Par ailleurs, l'opération militaire doit s'inscrire dans le cadre d'une mission de maintien de la paix et de la sécurité internationales. C'est-à-dire, la situation de changement anticonstitutionnel de gouvernement, doit constituer une menace *imminente* et *directe* pour la

---

[244] Voir : Conseil de sécurité, *Résolution 2337*, adopté le 19 janvier 2017, par.6, p.3.

paix et la sécurité régionales. Cette menace doit être constatée par le Conseil de sécurité, qui est la seule autorité compétente et légitime, pour qualifier une situation de menace contre la paix et la sécurité internationales.

En sus de l'incompatibilité d'une intervention militaire avec les principes démocratiques, subsiste la question de la légitimité internationale de l'opération. En effet, la légitimité est très souvent invoquée par les États ou les organisations régionales pour justifier le recours à la force armée en dehors du cadre fixé par la charte des Nations unies. Le caractère légitime de l'usage de la force, selon les tenants de cette approche, reposerait sur la nécessité absolue d'intervenir pour faire cesser le massacre des civils ou détruire des armes de destruction massive qui auraient été développées par un « *État voyou* » ou encore pour faire respecter l'ordre international.

Dans la première hypothèse, l'intervention militaire aurait pour but de protéger une minorité ethnique ou religieuse, ou encore une communauté protégée qui serait menacée de disparition, ou victime d'attaque et de violence grave à l'intérieur des frontières d'un État. Le génocide des tutsis au Rwanda a favorisé le développement d'une doctrine de l'ingérence humanitaire, qui permet à la communauté internationale d'intervenir dans un pays, en vue de mettre fin aux massacres de civils ou de minorités ethnique ou religieuse. Cette doctrine a servi de fondement à l'intervention militaire de l'OTAN au Kosovo en 1999.

Dans la deuxième approche, on intervient pour faire respecter l'ordre international, qui proscrit le développement d'armes de destruction massive. La dangerosité et la gravité de ces armes pour la sécurité de l'humanité, seraient suffisantes pour légitimer une intervention militaire contre un État qui en possède. Ici, ce n'est pas la légalité de l'opération qui importe, mais sans doute, sa légitimité, qui découle objectivement de la nécessité de sauver des populations civiles en danger, ou la nécessité de protéger l'humanité contre l'emploi « envisagé » des armes de destruction massive. Dès lors, l'emploi de la force armée (licite ou illicite), devient juridiquement admissible, le cas échéant, indépendamment d'une autorisation du Conseil de sécurité chargé de maintenir la paix et la sécurité internationales.

Cette doctrine avait été invoquée par des responsables américains et britanniques lors de l'invasion de l'Irak. Aujourd'hui, elle est mise en avant par la Russie pour justifier l'invasion de l'Ukraine. Le recours illégal à la force armée au nom de la légitimité, est la résultante d'une société internationale fragilisée par la politique de la canonnière des Etats. Dans son ouvrage consacré à l'agression en droit international, professeur Maurice KAMTO fait le même constat, en affirmant que, « le droit international perd de l'autorité face aux politiques de force[245] ».

---

[245] Maurice KAMTO., *L'agression armée en droit international,* A.pedone, Paris, Mars 2010, p.3.

En mettant l'accent sur ce qu'il est convenu d'appeler « la politique interventionniste » des Etats et des organisations régionales, il attire l'attention de tous, sur la fragilité d'une société internationale éprouvée par les politiques de la canonnière pratiquées par des Etats et des OR, qui ont déserté le cadre des négociations diplomatiques au profit de la force.

La doctrine de la légitimité a été transposée en droit régional africain, notamment dans la politique d'intervention de la CEDEAO. Par exemple, dans l'hypothèse d'une « rupture de la démocratie » dans un Etat membre, l'Organisation peut être autorisée par la Conférence des Etats à intervenir militairement, pour faire respecter la volonté du peuple.

Ici, la Communauté n'intervient pas pour faire cesser le massacre de populations civils, ou mettre fin à l'agression d'un Etat membre par un groupe armé non étatique ou les terroristes, elle intervient pour rétablir l'ordre constitutionnel, qui a été violé par des hommes en arme. Ainsi, l'argument principal qui soutient l'intervention, c'est la « restauration » de la démocratie.

En revanche, faut-il souligner que même si l'objectif de restaurer la démocratie s'inscrit dans une démarche objectivante, toute intervention militaire contre un Etat souverain devrait être autorisée par le Conseil de sécurité des Nations unies, et devrait obtenir au moins, l'assentiment de plus de la moitié des Etats membres de la Communauté pour fonder sa légitimité

– car, le faible taux de participation des Etats membres à l'opération pourrait mettre en doute sa légitimité[246].

En plus, l'option d'une intervention militaire fait peser sur le continent le risque d'expansion de l'insécurité et de l'instabilité. Dès lors, il serait préférable de privilégier les solutions diplomatiques pour faire respecter l'ordre constitutionnel et la démocratie. Par exemple, renforcer les mécanismes de sanction, en adoptant des sanctions strictes et drastiques contre l'Etat en cause, et les auteurs de coup d'Etat. Il pourrait s'agir par exemple, de la rupture des relation diplomatiques avec l'Etat concerné, le « retrait » de l'Etat des systèmes de financement internationaux, le gel des avois des putschistes, la poursuite de ces derniers devant les juridictions compétentes en cas de violation des droits de l'homme occasionnées par la situation de coup d'Etat – enfin, inviter les organisations internationales, et les Etats à respecter ces mesures.

Enfin, peut-on retenir de tout ce qui précède que, le renforcement des mécanismes de sanction de l'UA et de la CEEDEAO s'avère indispensable pour la

---

[246] Il semble à notre avis que, les opérations de « restauration » de la démocratie de la CEDEAO connaissent une faible participation des Etats, qui peinent à mettent en application les décisions de l'organisation en la matière. Même si, les changements anticonstitutionnels de gouvernement sont révulsés par l'ensemble des Etats membres de la Communauté, l'Organisation peine à mobiliser les moyens financiers, humains nécessaires pour mettre en place les forces interventionnistes. Dans le cas de l'intervention de la CEDEAO en 2017 en Gambie, seulement deux Etats ont fourni des contingents, le Nigeria et le Sénégal. A l'avenir, la CEDEAO devrait prédisposer des forces formées et prêtes à intervenir en cas d'urgence. Toutefois, il serait judicieux de privilégier les moyens pacifiques en réponse aux changements anticonstitutionnels de gouvernement.

consolidation de la démocratie en Afrique, une nécessité à laquelle devrait contribuer la Cour Africaine des Droits de l'Homme et des Peuples (CADHP), en devenant à la fois, juge des droits de l'homme et des élections démocratiques en Afrique (B).

B. La CADHP : juge des droits de l'homme et des élections démocratiques en Afrique

L'émancipation progressive des droits de l'homme en droit européen et en droit international, n'a guère laissé indifférente l'Afrique. S'inscrivant dans ce vaste mouvement d'internationalisation, à l'instar des systèmes interaméricain et européen, l'Afrique va se doter d'un instrument important de protection des droits de l'homme. [247] C'est ainsi que le 27 juin 1981, à la conférence des chefs d'Etat et de gouvernement de l'Organisation de l'Unité Africaine (OUA) fut adoptée la première charte Africaine des droits de l'homme et des peuples. Principal instrument du système africain de protection des droits de l'homme, la Charte fit entrer le continent africain dans ce vaste mouvement de promotion et de protection des droits humains qui, affleurait dans le monde après la fin de la seconde guerre mondiale.

Dès son entrée en vigueur en 1986, la Charte se dota d'un organe principal qui est la Commission des

---

[247] Rachidatou MAIKASSOUA., *La commission africaine des droits de l'homme et des peuples : un organe de contrôle au service de la charte*, KARTHALA, p.13 -16

droits de l'homme et des peuples. Cet organe avait pour mission principale d'interpréter la charte africaine des droits de l'homme et des peuples, de promouvoir et de garantir les droits humains consacrés dans la Charte. Mais, très tôt, la Commission montra ses limites, notamment avec la prolifération des contentieux électoraux.

Au même moment, émergea dans la doctrine juridique africaine, un plaidoyer en faveur de « l'institutionnalisation » de la justice dans un continent, où les mécanismes *non-juridictionnels* peinèrent à purger les contentieux complexes et paradigmatiques en matière de démocratie et des droits de l'homme.

Ce plaidoyer eut un écho favorable en Afrique – si bien qu'après de longues années d'hésitation, les Etats membres de l'OUA décidèrent enfin de mettre en place un organe juridictionnel chargé d'assurer la protection effective et efficace des droits de l'homme en Afrique. C'est ainsi que le 10 juin 1998, lors de la 34ème session ordinaire des chefs d'Etat et de gouvernement de l'organisation de l'Unité Africaine, fut adopté à Ouagadougou un Protocole additionnel (le Protocole de Ouagadougou) instituant la Cour africaine des droits de l'homme et des peuples. La mise en place de cette juridiction permanente marqua un tournant décisif, non seulement pour la communauté internationale en matière de protection des droits de l'homme, mais aussi une aubaine pour le continent africain, qui souffrait incontestablement de ce vide institutionnel lassant – causé par l'absence d'un organe judiciaire chargé de garantir les droits fondamentaux des citoyens africains. Elle constitue sans doute une avancée majeure pour le système africain de protection des droits de l'homme, dans la mesure où la Cour assurera un meilleur respect de la Charte et pourra à long terme faire triompher la démocratie et l'état de droit.[248]

Au surplus, avec la création de la Cour africaine des droits de l'homme, l'Afrique fait un pas essentiel vers la mise en place d'un système cohérent et efficace de protection des droits de l'homme sur le continent africain. Cette nouvelle étape renforce et complète l'édifice existant constitué par la Charte africaine et l'organe originel de contrôle et du respect des droits garantis par celle-ci, à savoir la Commission africaine des droits de l'homme et des peuples[249]. La Cour est opérationnelle depuis 2006, et a inauguré sa première jurisprudence le 15 décembre 2009 dans l'affaire *Michelot Yogogombaye c. République du Sénégal.*[250]

À partir des années 2000, la cour africaine des droits de l'homme et des peuples s'intéressa peu à peu au processus de démocratisation des pays africains – en mettant en avant « l'organisation des élections périodiques et honnêtes », comme fondement de la légitimité et de la légalité du pouvoir d'Etat. C'est ainsi

[248] Jean-Louis ATANGANA, « Avancées et limites du système africain de protection des droits de l'homme : la naissance de la cour africaine des droits de l'homme et des peuples », *Droits fondamentaux,* n°3, Décembre 2003, p.175.

[249] La FIDH, La Cour africaine des droits de l'homme et des peuples : vers une cour africaine de justice et des droits de l'homme, Avril 2010, p.19. vhttps://www.fidh.org/IMG/pdf/GuideCourAfricaine.pdf

[250] R.MAIKASSOUA., *op.cit.*

qu'elle a pu intégrer le processus de démocratisation africain dans le système africain de protection des droits de l'Homme – en devenant ainsi, « juge » des conditions démocratiques de l'organisation des élections.

Par ailleurs, dans l'optique de concilier la protection des droits de l'homme avec l'exigence démocratique, la Cour va étendre son champ de compétence aux contentieux électoraux, de sorte que les libertés politiques, les libertés d'expression et d'association ou de réunion, le droit de vote, l'égalité des candidats et le droit de participation effective et inclusive des peuples africains aux élections, soient juridiquement garantis à l'échelle du continent. Les contentieux électoraux favorisent ainsi un encadrement juridique des processus électoraux nationaux, et permet par la même, de protéger les droits des acteurs politiques et des électeurs qui prennent part aux votes. Il traduit ainsi, la volonté de la Cour d'intégrer l'exigence démocratique dans son objectif de promouvoir et de protéger à l'échelle du continent, les droits fondamentaux de tous les citoyens qui participent aux élections, qu'ils soient hommes politiques, candidats ou simples électeurs.

Le lien intrinsèque entre les droits de l'homme et la démocratie s'en trouve pleinement établi par la Cour, notamment dans l'affaire *CADHP-action pour la protection des droits de l'homme c. République de Côte d'Ivoire*, du 18 novembre 2016. Dans cette Affaire, la Cour était invitée à répondre à la question de savoir si la charte africaine de la démocratie, des élections et de bonne gouvernance était un instrument pertinent de protection des droits de l'homme au sens de l'article 3 du protocole de Ouagadougou ?

Avant de répondre à cette interrogation substantielle, la Cour sollicita, conformément à l'article 45(2) de son règlement, et en vertu du par.45[251] de l'instrument relatif aux instructions des procédures, les avis juridiques de la Commission et de l'Institut africain de droit international. Ainsi, après avoir examiné de prime abord l'objet et le but de ce traité, les deux Institutions ont répondu positivement en qualifiant la charte africaine de la démocratie d'instrument relatif aux droits de l'homme, dans la mesure où ce traité confère des droits et libertés fondamentaux aux individus que les Etats sont tenus de protéger.[252]

Faisant sienne l'interprétation de ces deux Institutions, la Cour parvient à la même conclusion :

« La Charte Africaine de la Démocratie, des Elections et de bonne Gouvernance est un instrument relatif aux droits de l'homme, dans la mesure où l'obligation des Etats parties à la Charte africaine de la démocratie, des élections et de la gouvernance (...) de créer des organes électoraux nationaux indépendants et impartiaux vise la mise en œuvre des

---

[251] Conformément au paragraphe 45 des instruments de procédures : *« De sa propre initiative, la Cour peut inviter un individu ou une organisation à intervenir en qualité d'amicus curiae dans le cadre d'une affaire pendante devant la Cour ».* Pour plus de précision voir le site officiel de la Cour africaine des droits de l'homme et des peuples.

[252] Judicaël TIEHI., « L'exécution minimaliste de l'arrêt de la cour africaine des droits de l'homme et des peuples dans l'affaire action pour la protection des droits de l'homme c. République de Côte d'Ivoire » *RDH*, n°13, 18, 2020.p.6.

droits (...) prévus par l'article 13 de la Charte africaine des droits de l'homme, à savoir, le droit pour chaque citoyen de participer librement à la direction des affaires publiques de son pays, soit directement, soit par l'intermédiaire de représentants librement choisis, conformément aux règles édictées par la loi ».[253]

La Cour rappelle ainsi aux Etats, qu'ils sont liés par les obligations contenues dans la charte africaine des droits de l'homme et des peuples, dont est juridiquement rattachée la charte africaine de la démocratie, qui est un instrument pertinent de protection des droits de l'homme. Par conséquent, la Cour se déclare compétente pour l'interpréter et la faire appliquer.

Abordant dans le même sens que la Cour, Judicaël TIEHI souligne, « qu'en usant d'une interprétation téléologique, la Cour établit clairement une parenté entre les droits de l'homme et la démocratie électorale, parenté non explicitement évoquée dans la Charte africaine des droits de l'homme, mais reconnue par de nombreux textes internationaux. De même, par un *obiter dictum* à la fonction pédagogique, la Cour affirme l'universalité voire l'interdépendance, à l'image même des droits de l'homme, entre les instruments internationaux d'un côté et les instruments régionaux et sous régionaux des droits de l'homme de l'autre. »[254]

Dans une autre décision relative à la candidature indépendante à une élection, Affaire *Mtikila c. La Tanzanie,* du 14 juin 2013, la Cour a démontré son *activisme*

---

[253] Judicaël TIEHI., *op.cit.*
[254] *Ibid.*

pour la consolidation de l'état de droit démocratique en Afrique. Dans cette *Affaire*, la CADHP était invitée à se prononcer sur une disposition constitutionnelle interdisant les candidatures indépendantes aux élections présidentielles en Tanzanie. La question principale était donc de savoir si la jouissance des droits politiques peut être conditionnée par l'appartenance à un parti politique, notamment lorsqu'un individu souhaite exercer un mandat électif ?

Ayant discerné l'enjeu de sa réponse pour l'avenir des contentieux électoraux, la Cour commença par souligner *l'incohérence* de la norme constitutionnelle tanzanienne par rapport aux principes démocratiques qu'elle défend :

« Comment pourrait-on parler de liberté si même pour désigner un représentant de son choix, l'on est obligé de choisir l'une des personnes investies par des partis politiques, même si cette personne n'a pas les qualités requises ? »

La Cour poursuit son raisonnement en insistant sur *l'incompatibilité* d'une telle disposition avec le droit fondamental des citoyens de participer librement et directement à la gestion des affaires publiques de leurs pays :

« Dans la mesure où une disposition nationale réserve aux citoyens le droit de participer directement ou par l'intermédiaire de ses représentants à la gestion des affaires publiques, toute loi qui exige du citoyen d'être membre d'un parti politique avant de se présenter aux élections présidentielles, législatives et locales est une mesure inutile, qui porte

atteinte au droit du citoyen de participer directement à la vie politique et constitue donc une violation d'un droit fondamental ». [255]

Par cette conclusion, la Cour semble révulser toute règle constitutionnelle visant à exiger d'un citoyen, l'appartenance à un parti politique comme condition pour se présenter à une élection. Une telle règle, selon la Cour, serait contraire à l'article 13 de la charte africaine des droits de l'homme et des peuples, ainsi qu'à l'article 3 par.7 de la Charte africaine de la démocratie.

De même, s'inspirant de ses jurisprudences antérieures, la Cour a maintes fois invité les Etats à suspendre toute mesure législative ou administrative qui porte atteinte au droit d'un citoyen de participer aux affaires publiques de son pays. C'est ainsi que par l'ordonnance du 15 septembre 2020, relative à l'affaire *Guillaume Soro c. République de Côte d'Ivoire,* la Cour a ordonné à la République de Côte d'Ivoire de lever toutes les mesures prises à l'encontre du requérant, l'empêchant de jouir de ses droits d'élire et d'être élu notamment lors de l'élection présidentielle d'octobre 2020.[256]

La même exigence a été imposée à l'Etat défendeur dans l'affaire *Laurent Gbagbo c. République de Côte d'Ivoire,* où la Cour a indiqué que la décision de la

---

[255] Abdou Khadre DIOP., « La cour africaine des droits de l'homme et des peuples ou le miroir standhalien du système africain de protection des droits de l'homme », *érudit,* n°2, vol. 55, 30 juin 2014, p.529-555.

[256] V : L'ordonnance du 15 septembre 2020 de la cour africaine des droits de l'homme et des peuples dans l'Affaire Guillaume Soro c. République de Côte d'Ivoire.

commission électorale indépendante (CEI) de retirer le nom de Laurent Gbagbo sur la liste électorale portait attente à l'article 13 de la Charte. Par conséquent, elle a recommandé à l'Etat de Côte d'Ivoire, de prendre toutes les mesures nécessaires en vue de lever immédiatement tous les obstacles empêchant le requérant de s'enregistrer sur la liste électorale.[257]

En outre, dans une autre *Affaire* opposant monsieur *Ibrahim Ben MOHAMED à la République de Tunisie,* la Cour a fait valoir que :

« Le droit des citoyens de participer à la direction des affaires publiques de leur pays est l'un des droits démocratiques fondamentaux protégés par la Charte et d'autres

---

[257] CADHP, A*ffaire Laurent Gbagbo c. République de Côte d'Ivoire*, Ordonnance : mesures provisoires, § 37, 25 septembre 2020, p.12. Dans un premier temps, « la Cour observe que la décision de la Commission électorale confirmée par le Tribunal de première instance statuant en matière de contentieux de la liste électorale en dernier ressort est susceptible de porter préjudice au Requérant à la veille des élections prévues le 31 octobre 2020, qu'il n'est pas contesté qu'il ne peut, en l'état actuel exercer son droit d'électeur à la prochaine élection. » Voir par.29 de l'ordonnance, p.10. Ensuite, « *au vu de ce qui précède, la Cour considère que les circonstances de l'espèce requièrent le prononcé d'une ordonnance de mesures provisoires en application de l'article 27(2) du Protocole et de l'article 51 du Règlement pour éviter un préjudice irréparable au Requérant. Par conséquent, la Cour estime qu'il est nécessaire d'ordonner des mesures provisoires afin de permettre au Requérant de jouir de ses droits de l'inscription sur la liste électorale. »* Voir par.30 de l'ordonnance, p. 10. La Cour conclut qu' *« au vu des circonstances de la cause, le cas de l'espèce présente un volet pénal. Le Requérant fait face à différentes procédures internes et internationales. La Cour constate que les droits dont il se prévaut sont des droits civils et politiques de nature essentielle que la Cour de céans a compétence de protéger. Les condamnations et mentions pénales ont un impact certain sur les droits en cause La Cour estime qu'il est nécessaire d'ordonner que soient prises des mesures afin préserver les droits du Requérant garantis dans les instruments des droits l'homme cités afin de lui éviter un préjudice irréparable et ce en expurgeant son casier judiciaire de la mention de sa condamnation pénale »* Voir précisément par.33 de l'ordonnance, p.11.

instruments internationaux relatifs aux droits de l'homme. »[258]

Par conséquent, elle a condamné la Tunisie pour avoir violé le droit du requérant de participer à la direction des affaires publiques, garanti par l'article 13(1) de la Charte.[259]

De ce qui précède, peut-on affirmer sans peine que la Cour africaine des droits de l'homme et des peuples joue un rôle fondamental dans la construction de « l'Etat de droit démocratique » en Afrique. Le lien intrinsèque qu'elle établit entre la démocratie et les droits de l'homme, lui permet de concilier la nécessité de protéger les droits humains avec l'exigence démocratique. À cette fin, elle a développé une jurisprudence importante en matière électorale, afin de protéger les droits des candidats et des électeurs qui participent aux processus électoraux nationaux.

Toutefois, nonobstant l'apport substantiel de la Cour africaine des droits de l'homme et des peuples, auquel s'adosse le renforcement des mécanismes de sanction de l'UA et de la CEDEAO, la consolidation d'un état de droit démocratique en Afrique, passe aussi par la prolifération d'une nouvelle approche de la démocratie (Section 2).

---

[258] CADHP, *Affaire Ibrahim Ben MOHAMED c. République de Tunisie, Arrêt du 22 septembre 2022*, par.110, p.31.
[259] *Ibid.*, par.120, p.34.

Section 2 : L'exigence d'une nouvelle approche de la démocratie en Afrique

Nul ne peut arriver au pouvoir sans passer par des élections libres, honnêtes et transparentes. Telle était la vision de la démocratie présentée aux peuples africains au début des années 90. La démocratie est appréhendée à cette époque sous la forme d'un système de gouvernance « parfait » dans lequel, le pouvoir s'obtient exclusivement par des élections démocratiques.

De ce fait, on invitait les régimes politiques africains à organiser de manière périodique des élections honnêtes, libres et transparentes, et d'assurer la participation *effective* de tous les citoyens sans discrimination aucune. Cette approche essentiellement « électoraliste » de la démocratie a entrainé la lutte des « clans » pour le pouvoir d'Etat – des « chamailleries » politiques qui ont entrainés le continent africain dans des crises électorales, des conflits militaires et des guerres civiles qui ont consumé des millions d vies humaines.

Certes, dans toute société démocratiquement organisée, les élections occupent une place centrale dans la désignation des gouvernants, mais, elles ne présentent pas la vision complète de la démocratie. Aux côtés des élections subsistent les droits et libertés du peuple souverain qui participe au vote. Il en résulte que, toute société qui aspire à la démocratie, doit concilier l'exigence des élections démocratiques avec les droit et libertés du peuple souverain (paragraphe 1). Telle est la nouvelle approche qu'il convient d'adopter, pour l'émergence d'un « état de droit démocratique » en Afrique. Cependant, pour parvenir à cette fin, l'apport inconditionnel et continuel des acteurs non-étatiques est indispensable (paragraphe 2).

Paragraphe 1 : Une approche centrée sur les droits humains

La vulgarisation d'une approche de la démocratie centrée sur les droits humains est la nouvelle arme de la démocratisation en Afrique. Elle implique l'abandon de l'approche essentiellement « électoraliste » de la démocratie (A), en accordant une place prépondérante aux droits et libertés des peuples africains qui, fondent la légitimité du pouvoir politique (B).

A. L'éviction de la vision essentiellement électoraliste de la démocratie au profit des droits humains

Si au début des années 90, le processus de démocratisation porté en Afrique par le droit international et régional africain, a suscité de l'espoir chez les populations africaines – empressées de voir disparaitre définitivement du paysage politique les régimes dictatoriaux et les partis uniques enracinés depuis les indépendances, aujourd'hui, force est de constater que le bilan « mitigé » de ce processus continue d'insuffler de la « désillusion » et la « confusion » dans l'esprit des peuples africains. La persistance des conflits armés, la résurgence des coups d'état militaires et constitutionnels, la prolifération du tribalisme, l'instrumentalisation de la justice, la corruption, la pauvreté et les pandémies ont creusé le fossé entre les objectifs fixés au départ et la réalité du terrain.

Dans ce contexte particulièrement hermétique, il sied de s'interroger sur la « vision » de la démocratie pensée pour l'Afrique. En d'autres termes, ce déficit démocratique auquel les pays africains sont confrontés, ne serait-il pas la conséquence directe de la vulgarisation en Afrique d'une certaine vision antinomique à la démocratie ? La démocratie n'aurait-elle pas été pensée pour les peuples africains comme une « morale universelle » et non comme une nécessité ?

La question de la « morale universelle de la démocratie » est très présente dans les débats politiques en Afrique. Elle dénote de la perception que certains africains ont de la démocratie. En effet, si pour l'élite africaine, la démocratie est la voie légale pour accéder pacifiquement au pouvoir d'Etat, le peuple, lui, y voir une « morale universelle » traduisant la volonté de la communauté internationale (notamment les pays occidentaux) d'imposer aux africains un système de gouvernance politique antinomique à leurs réalités – un système dont ils ne maitrisent guère les règles du jeu. Cette critique virulente de certains africains, soutenus par des auteurs négateurs de la démocratie, trouve sa mesure dans l'espérance « brisée » que ceux-ci portaient en la démocratie. M.Gazibo soulignait à cet effet que « la démocratie a été présentée aux africains comme une boîte noire d'où sortirait la prospérité.

Seulement, une fois les prodémocraties installés aux commandes de l'État, la réalité est apparue massive non seulement à leurs yeux, mais aussi à ceux des secteurs sociaux qui attendaient des améliorations économiques [260]». Au surplus, les peuples africains voyaient en la démocratie un moyen de réduction de la pauvreté, d'éradication des inégalités et de renforcement des droits humains – telles étaient les raisons substantielles de leur engagement dans la lutte pour la démocratie et l'émancipation.

Cette lutte acharnée des peuples africains pour la démocratie s'inscrivait dans le cadre du « droit des peuples à disposer d'eux-mêmes ». Ce principe fondamental consacré dans la Charte des Nations unies[261] et dans le Pacte international des droit civils et politiques[262], exclut, pour un peuple, toute forme de cession

---

260 Voir Mamadou GAZIBO., op.cit.

261 L'article premier stipule que l'un des buts de l'O.N.U. est de « développer entre les nations des relations amicales fondées sur le respect du principe de l'égalité de droits des peuples et de leur droit à disposer d'eux-mêmes, et de prendre toutes autres mesures propres à consolider la paix dans le monde ». *Voir* l'article premier de la Charte des Nations unies.

262 L'article premier du Pacte international relatif aux droits civils et politiques dispose que *: « Tous les peuples ont le droit de disposer d'eux-mêmes. En vertu de ce droit, ils déterminent librement leur statut politique et assurent librement leur développement économique, social et culturel. Pour atteindre leurs fins, tous les peuples peuvent disposer librement de leurs richesses et de leurs ressources naturelles, sans préjudice des obligations qui découlent de la coopération économique internationale, fondée sur le principe de l'intérêt mutuel, et du droit international. En aucun cas, un peuple ne pourra être privé de ses propres moyens de subsistance. Les États parties au présent Pacte, y compris ceux qui ont la responsabilité d'administrer des territoires sous tutelle, sont tenus de faciliter la réalisation du droit des peuples à disposer d'eux-mêmes, et de respecter ce droit, conformément aux dispositions de la Charte des Nations Unies ».* Voir : Le Pacte international des droits civils et politique, adopté par l'Assemblée Générale des Nations Unies, le 16 décembre 1966.

et d'annexion forcée, mais permet au peuple de décider de son statut politique et de choisir la forme de gouvernement qui correspond parfaitement à ses réalités. S'inspirant de ce principe, les populations africaines vont mener une lutte acharnée contre les régimes dictatoriaux et les parties unique, pour l'émancipation politique, la démocratie et les droits de l'homme.

Profitant de ce contexte interne favorable, les organisations internationales vont relancer le débat démocratique africain, et exiger des Etats africains, le respect des principes universels de la démocratie et des droits de l'homme. C'est ainsi qu'au milieu des années 1990, contraints par leurs engagements internationaux, les Etats africains accueillirent favorablement les recommandations des institutions internationales en matière de démocratie et des droits de l'homme. Ainsi, à partir de 1990, émergea en Afrique une vague de réforme constitutionnelle dans plusieurs Etats africains. La démocratie et les droits de l'homme apparurent alors dans les constitutions africaines – la démocratie occupant une place prépondérante dans la hiérarchie des normes.

En revanche, dans ce processus d'intégration des normes démocratiques et des droits de l'homme dans les nouvelles constitutions africaines, les droits et libertés du peuple souverain étaient très peu mis en avant. L'exigence démocratique était essentiellement portée sur l'organisation des élections périodiques et honnêtes - si bien qu'on se demande si, à cette époque, la priorité de la communauté internationale était la démocratisation ou *« l'électionisation »* de l'Afrique ?

Il va de soi que dans ce contexte paradigmatique, les droits fondamentaux du peuple *souverain* et détenteur exclusif du pouvoir, étaient partiellement mis en avant au profit des élections, à l'exception des « droits démocratiques » tels que la liberté d'opinion, la liberté d'association, le droit de vote – l'objectif étant de réunir les conditions pour l'organisation des élections démocratiques. Et pourtant, il semble à notre avis que le concept même de démocratie prône avant tout, le respect des droits et libertés des peuples.

Cette place insuffisante accordée aux droits humains dans le processus de démocratisation a conduit, dans la pratique, à l'émergence d'une approche essentiellement « électoraliste » de la démocratie – si bien que le concept de la démocratie s'en est trouvé réduit à la notion *d'élection*. De ce fait, pour être reconnu comme un pays démocratique, il suffisait d'organiser de manière périodique, des élections libres, transparentes et apaisées. C'est ainsi que certains Etats africains comme le Sénégal, le Ghana, l'Afrique du Sud, l'Algérie, le Benin, qui avaient franchi cette étape, furent considérés comme des exemples parfaits de démocratie en Afrique. Dans ces pays, comme c'est souvent le cas en Afrique, on se soucie très peu de la « respectabilité » des traités internationaux et régionaux en matière des droits humains. Et pourtant, s'il suffit d'organiser des élections tous les cinq ou sept ans pour être considéré comme un pays démocratique, pourquoi certains régimes sont qualifiés de « dictatures » alors qu'ils s'inscrivent durablement dans cette démarche ? Il va de soi que si ces pays sont qualifiés comme tels, c'est en partie à cause de leur incapacité à concilier la gouvernance démocratique avec les droits de l'homme. Ceci soulève également la question de la conformité de la durée du mandat présidentiel au droit international et régional – si toutefois l'organisation des élections périodiques et honnêtes devrait être la condition d'existence d'une société démocratique.

Ainsi, en tant que moyen d'expression de la volonté du peuple souverain, l'élection occupe une place prépondérante dans la démocratie. Il ne fait nul doute que cette acception de la démocratie ravive la célèbre citation d'Abraham Lincoln qui, résume le concept de démocratie en ces termes : « la démocratie est le pouvoir du peuple par le peuple et pour le peuple ». Il en découle que dans toute société démocratiquement organisée, le peuple souverain participe à la gestion du pouvoir à travers ses représentants choisis lors des élections libres, transparentes et honnêtes.

Cette vision « limitée » de la démocratie, a considérablement bouleversé les sociétés africaines. Aujourd'hui, en Afrique, la démocratie est souvent perçue par le peuple comme le processus d'élection des gouvernants par les gouvernés et pour les gouvernants. Le rôle du peuple est ainsi limité au choix des gouvernants. Autrement dit, dans une société africaine « démocratisée », le rôle du peuple se limiterait à porter au pouvoir des gouvernants.

L'idéal démocratique est alors enserré dans une conception purement « électoraliste » qui, dénature sa nature, pour le plus grand bonheur des gouvernants. Par conséquent, dans l'esprit du citoyen africain, la démocratie est très souvent perçue comme un « instrument politique » à la solde des gouvernants, qui manipulent les règles du jeu à leurs guises, et utilisent le peuple comme du « bétail électoral », pour assouvir leur soif du pouvoir. En d'autres termes, ils se servent du peuple souverain comme *paravent,* pour légitimer leur pouvoir politique. Alex N'Dungu écrivait à ce propos : « pendant des années les élites politiques ont tenté de nous faire avaler une forme étrange de la démocratie, elles nous ont vendu une version édulcorée de la démocratie, la version qui ne prévoit pas de surveillance, celle des élections et de la gouvernance sans intégrité (...), une vision dans laquelle, elles peuvent être les seules privilégiées, alors que nous les masses, nous ne le pouvons pas ! »[263]

Dès lors, face à ce paradigme complexe, qui éloigne les peuples africains de la démocratie, il est impérieux de revenir aux valeurs fondamentales de ce concept universel – celles qui prônent, au-delà des élections périodiques et honnêtes, les droits et libertés du peuple qui, fonde la légitimité du pouvoir politique.

---

[263] Alex Njeru N'DUNGU., « Les limites de la démocratie africaine », *Libre Afrique*, p.1.

B. La nécessité de prendre en considération les droits et libertés des peuples africains dans le processus démocratique

L'exigence d'une nouvelle approche de la démocratie est fondamentale pour l'émergence d'un « état de droit démocratique » en Afrique. De cette approche nouvelle, découle l'idée selon laquelle, la démocratie est un contrat de « gouvernance » conclu entre le peuple souverain et le gouvernant. Aux termes de ce contrat, le peuple, en tant que souverain suprême, confie au gouvernant démocratiquement élu, la gestion étatique de ses affaires. À cette fin, il met à sa disposition les moyens institutionnels, techniques, financiers et humains nécessaires pour l'exercice de son mandat. En contrepartie, le gouvernant assure la bonne gestion des affaires du peuple et, lui rend régulièrement compte de sa gestion.

Par ailleurs, les obligations du gouvernant résultant de ce contrat ne doivent guère se limiter à la gestion du pouvoir d'Etat, elles doivent inclure la protection et la garantie des droits et libertés du peuple – qui fonde la légitimité du pouvoir politique. Concrètement, le gouvernant démocratiquement élu, a l'obligation de protéger et de garantir les droits et libertés conférés au peuple par la loi fondamentale et les traités internationaux. Ce sont entre autres : les droits civils et politiques d'une part, les droits économiques, sociaux et culturels d'autre part.

S'agissant des droit civils et politiques, ils sont communément appelés « droits de premières génération » et concernent l'ensemble des droits et libertés rattachés à la personne humaine. Ce sont : le droit à la vie, à la liberté et à la sécurité ; les libertés fondamentales de croyance, de religion et d'opinion, d'expression, d'association ; le droit à l'égalité sans discrimination ; les droits démocratiques comme le droit de voter et d'être éligible à des élections ; la liberté de circulation et d'établissement ; les garanties juridiques qui servent à protéger les individus arrêtés, détenus, accusés ou condamnés en vertus des lois pénales, le droit à la défense devant les tribunaux.

Ces droits sont apparus dans l'histoire avec le libéralisme classique, au XVIIIe siècle.[264] La doctrine s'accorde pour situer leur origine à l'époque du *Bill of Rights* anglais de 1689, survenu à la suite de la Révolution de 1688. Mais, les bouleversements causés par les

---

[264] Avant cette période, il n'avait existé aucun texte visant à protéger les droits fondamentaux de la personne de façon générale. La Grèce ancienne et le droit romain avaient certes reconnu aux êtres humains des droits naturels inhérents mais ces droits n'étaient accessibles qu'à la personne humaine noble, ce qui implique que l'esclavage et l'inégalité entre les sexes et les classes sociales étaient tout à fait acceptés. Au Moyen âge, une série de droits codifiés se rapportant à la personne humaine a vu le jour. La Magna Carta de 1215 prévoyait qu'aucun «homme libre» ne puisse être condamné « sans un jugement loyal de ces pairs conformément à la loi du pays» (art. 39). La P*etition of Rights* de 1628 limitait les abus des autorités dans la perception des impôts. L'Habeas corpus Act de 1679 empêchait la détention arbitraire en exigeant que les motifs d'une arrestation soient donnés au prévenu sans délai. Reste que la conception des droits humains demeurait élitiste. La mention de l'homme libre dans la Magna Carta est d'ailleurs bien claire à l'effet que l'esclave ne bénéficie pas du respect de ses droits et les femmes non plus.

luttes religieuses au début de la Renaissance avaient entraîné un retour à des régimes absolutistes. C'est donc véritablement à l'époque des Lumières, avec la « *Déclaration des droits de l'homme et du citoyen de 1789* » en France et *l'« American Bill of Rights de 1791* » aux États-Unis qu'ont été codifiés les droits civils et politiques.

Dans le cadre du processus de démocratisation africain, nonobstant l'adoption en 1981 d'une charte africaine des droits de l'homme et des peuples, les droits humains étaient très peu mis en avant – en tant que condition d'existence d'une société démocratique. L'attention était essentiellement portée sur la protection des « droits démocratiques » tels que le « droit de voter », le « droit d'être éligible à des élections », les « libertés d'association ou de réunion », la « liberté d'expression ». Ces droits civils et politiques n'étaient consacrés que pour favoriser l'organisation des élections périodiques et honnêtes – et partant, garantissent la participation de tous les citoyens aux élections, pour le plus grand bonheur des gouvernants. En d'autres termes, ces droits et libertés étaient promus pour insuffler un cadre favorable à l'organisation d'une élection démocratique – de sorte qu'on eut l'impression que le processus de démocratisation avait pour seule vocation de promouvoir les élections périodiques et honnêtes, sans considération particulière pour d'autres catégories de droits civils et politiques dont pourraient bénéficier le peuple.

Aujourd'hui, dans certains pays africains, même si des droits et libertés sont consacrés dans les textes constitutionnels, dans la pratique, ils demeurent inaccessibles pour certains citoyens, à l'instar du « droit à la défense » ou du « droit à ce que sa cause soit entendue par la justice ». Faute de moyens financiers ou de système « d'aide juridictionnelle », certaines catégories de citoyens ne peuvent se faire assister par un avocat pour défendre leur cause devant les juridictions nationales. À cela s'ajoutent les arrestations arbitraires et des condamnation expéditives, comme en témoigne la surpopulation carcérale dans certains pays d'Afrique.[265]

Par ailleurs, au-delà des droits civils et politiques, les gouvernants démocratiquement élus doivent garantir progressivement les « droits économiques, sociaux et culturels » des peuples qui participent au vote. Cette catégorie des droits fondamentaux de l'Homme, inclut le droit à une alimentation adéquate[266], le droit à un logement convenable, le droit à l'éducation, le droit à la

---

[265] Le nombre de personnes incarcérées en Afrique ne cesse de croître, et avec lui, la surpopulation carcérale. Les prisons de plusieurs capitales africaines atteignent des taux d'occupation dépassant 300%. C'était le cas, en 2020, pour la prison de Makala, à Kinshasa (570%), ou pour la prison civile de Niamey (340%). Du fait de la surpopulation, il n'est pas rare que des détenus dorment à même le sol, en position assise, les uns collés aux autres, ou tête-bêche, "en sardines", selon la terminologie employée en prison. L'impact de cette situation sur la santé physique et mentale des détenus est majeur : propagation des maladies infectieuses (tuberculose, VIH/Sida), forte prévalence de pathologies dermatologiques (abcès, gale), multiplication des cas de dépression. Face à la densité carcérale, le nombre de surveillants de l'administration est très insuffisant et ne permet pas d'organiser l'accès des détenus aux infirmeries. Voir Carole BERRIH, « Afrique : gouvernance informelle et accès à la santé en prison », *World prison brief*, p.1.

[266] Voir : *Résolution 78/481* de l'Assemblée Générale des Nations unies, adoptée le 4 décembre 2023, par.1 et 2, p.41.

santé, le droit à la sécurité sociale, le droit de participer à la vie culturelle, le droit à l'eau et à l'assainissement, le droit à la santé, le droit au travail.

Ainsi, les gouvernants démocratiquement élus, représentants de l'Etat, ont le devoir d'insuffler des politiques économiques et sociales permettant la réalisation progressive de ces droits. Ils doivent, par exemple, adopter des mesures favorisant l'accès aux soins (le droit à la santé), l'accès à l'eau (le droit à l'eau), l'accès à l'alimentation (le droit à l'alimentation) pour tous les citoyens, sans discrimination aucune. En outre, les gouvernants doivent adopter des politiques favorisant le plein emploi, notamment des jeunes, en encourageant, à l'aide des mesures gouvernementales, l'entrepreneuriat des jeunes en Afrique, l'insertion des jeunes diplômés et qualifiés à la fonction publique. Sur ce dernier point, les gouvernants doivent assouplir les conditions d'accès à la fonction publiques pour les jeunes diplômés, et lutter contre toute forme de corruption qui empêchent les citoyens d'accéder aux métiers de l'administration publique.

Pour finir, il est impérieux de souligner que, la réalisation des « droits démocratiques » va de pair avec la protection des droits économiques, sociaux et culturels. Car, tous les droits de l'homme, qu'il s'agisse des droits économiques, sociaux et culturels ou des droits civils et politiques, sont interdépendants. Par exemple, les personnes qui ne savent ni lire ni écrire ont souvent plus de difficultés à réaliser leur plein potentiel que celles qui en sont capables, afin de trouver un travail ou de participer aux activités politiques. De même, les individus peuvent exercer efficacement leur droit de vote, et peuvent influencer les politiques gouvernementales lorsqu'ils ne sont pas confrontés à la faim et à la malnutrition. Enfin, un citoyen ne peut participer aux affaires publiques de son pays que lorsqu'il est en bonne santé.

Par ailleurs, afin d'aider les Etats africains à atteindre ces objectifs, l'aide internationale à la démocratie doit également concerner la promotion des droits humains en Afrique. Une partie de cette aide doit être consacrée à la défense des intérêts des citoyens (en situation de précarité) devant les juridictions nationales. Elle doit servir à couvrir leurs frais de justice, afin que l'accès à la justice, le droit à un procès équitable et l'égalité devant la justice soient inclusives et pleinement garantis. Aussi, l'aide internationale doit servir à financer l'éducation, les projets d'entrepreneuriat des jeunes, afin que le « droit à l'éducation » et le « droit à un travail » deviennent effectifs pour tous les citoyens. En outre, cette aide doit servir à construire des centres de santé de qualité pour faciliter l'accès des populations aux soins. Il en découle, « l'indispensabilité » de promouvoir, au-delà des élections, les droits économiques, sociaux et culturels des peuples africains pour l'émergence d'un « état de droit démocratique ».

De tout ce qui précède, peut- on retenir en définitif que, dans toute société démocratiquement organisée, l'organisation des élections libres et transparentes va de pair avec le respect et la protection des droits humains. Telle est la nouvelle vision de la démocratie qu'il convient de divulguer dans les sociétés africaines. En revanche, cette nouvelle approche ne sera effective qu'avec le concours respectif des acteurs non-étatiques, tels que les organisations non-gouvernementales (ONG), la société civile, les médias et les réseaux sociaux (paragraphe 2).

Paragraphe 2 : Le concours respectif des acteurs non-étatiques

La participation des acteurs non-étatiques est indispensable pour la consolidation de la démocratie, et pour la protection des droits humains en Afrique. En plus de leur liberté d'action et leur capacité à combler les carences de l'Etat dans des secteurs sociaux, ces acteurs jouissent pour certains d'une autonomie financière et partant, sont indépendants vis-à-vis des pouvoirs publics. Par conséquent, ils sont des candidats parfaits pour vulgariser cette nouvelle approche de la démocratie en Afrique.

Ces acteurs sont multiples, mais dans ce paragraphe l'on traitera essentiellement du rôle inclusif des organisations non- gouvernementales et de la société civile (A) d'une part, sans ignorer la contribution non négligeable des médias et des réseaux sociaux (B) d'autre part.

A. Le rôle inclusif des ONG et de la société civile

En tant qu'acteurs majeurs de la vie politique, économique et sociale, les organisations non-gouvernementales (1) et la société civile (2) peuvent contribuer valablement à l'émergence d'une société africaine démocratiquement organisée autour des valeurs substantielles des droits de l'homme.

1. *L'apport substantiel des ONG*

Les ONG sont des organisations d'intérêt public qui ne relèvent ni d'un Etat ni d'une institution internationale. Elles sont donc en principe indépendantes vis-à-vis de l'Etat et des Organisations Internationales, et jouissent d'une autonomie financière. Du fait de leur indépendance et leur autonomie vis-à-vis du pouvoir public, elles sont capables d'inculquer des bases démocratiques aux peuples sans passions politiques.

De plus, vu leur dynamique, dans les vastes mouvements antiesclavagistes, leur engagement dans la lutte contre toutes les formes de discrimination, ainsi que leur action prépondérante dans le développement durable, elles peuvent œuvrer pour la consolidation de la démocratie en Afrique.[267]

Ainsi, au sein des Etats, les ONG doivent favoriser le dialogue entre la population et l'administration, sensibiliser la masse sur les enjeux démocratiques,

---

[267] Christelle GBOH., *op.cit.*

promouvoir les droits de l'homme, afin de mieux représenter les intérêts des citoyens. Pour cela, il est impératif qu'elles soient un intermédiaire attentif aux réels besoins des populations et, qu'elles n'imposent pas leurs propres vues.

Les ONG doivent également affronter les problèmes qui relèvent normalement de la gestion publique, en raison de l'incapacité ou de l'inaction des Etats dans certains domaines. Elles doivent accompagner les actions des Etats dans les domaines vitaux tels que le logement, l'alimentation, l'éducation, la santé, le travail, et ce, en parfaite collaboration avec les autorités gouvernementales pour ne guère attenter à la souveraineté de l'Etat hôte[268].

Au surplus, certaines étant déjà à pied d'œuvre sur le continent, elles doivent accentuer leur participation à « l'éducation politique », en formant les citoyens sur l'enjeu des élections et la gouvernance démocratique ; en sus, en portant à leur connaissance les mécanismes régionaux et internationaux mises en place par le droit international pour protéger leurs droits, garantir leurs libertés face à l'Etat.

Ces organismes ont une responsabilité toute grande en ce sens qu'ils sont sur le terrain et donc imprégnés des réalités quotidiennes des populations. À cela, s'ajoute leur expertise pratique. Ils peuvent donc, trouver les voies et moyens pour inculquer l'esprit démocratique à tous et à chacun. L'éducation à la

---

[268] Ibid.

démocratie et aux élections est une tâche cruciale qui conditionne très largement la qualité et la réussite des élections sur le continent. De ce fait, elle exige l'engagement de tous ceux qui militent pour la démocratie en Afrique[269].

Cependant, pour parvenir à tous ces objectifs, les ONG doivent inonder davantage le paysage politique avec des idées démocratiques, et doivent se tenir à l'écart des autorités étatiques, afin d'assurer leur indépendance vis-à-vis de celles-ci.

En effet, il est souvent reproché aux ONG agissant en Afrique d'être à la solde du pouvoir, car, il y aurait des situations où elles agissent pour son compte[270]. Cependant, faut-il rappeler que ce lien de clientélisme que certaines organisations entretiennent avec les pouvoirs politiques en place, est souvent dû au manque de moyens financiers dont elles font face pour fonctionner. Certaines ONG sont parfois contraintes de collaborer avec le pouvoir pour bénéficier des subventions (à l'exception du Nigeria où beaucoup d'ONG s'autofinancent). De ce fait, plusieurs organisations non-gouvernementales deviennent impuissantes et ne peuvent arbitrer le jeu politique en Afrique, d'où leur absence

---

[269] Ibid.

[270] La plus grande faiblesse des associations de la société civile et des ONG en Afrique réside dans leur dépendance à l'égard des Etats et des bailleurs de fonds internationaux. Le besoin de capter l'aide financière de l'Etat ou de la communauté internationale est devenu la cause de la multiplicité des formations et de la complaisance de certaines d'entre elles dans la manière d'arbitrer les différents jeux politiques et de défendre véritablement les intérêts de la population. Voir : John IGUE., *La construction de la paix et de la démocratie en Afrique de l'Ouest : place et rôle de la société civile dans la construction de la démocratie en Afrique de l'Ouest*, Actes, nov.2005, p.50.

regrettable dans le contrôle et la surveillance des élections organisées dans certains pays d'Afrique.[271]

Ainsi, exceptés quelques ONG internationales, peu d'entre elles fonctionnent comme de véritables contre-pouvoirs, et se prononcent rarement contre les mauvaises pratiques des gouvernants. Dès lors, pour combler l'autonomie financière des ONG et briser ce lien de clientélisme, la communauté internationale doit soutenir ces organisations dans leurs actions en faveur de la démocratie et des droits de l'homme. L'aide internationale à la démocratie ne doit pas concerner uniquement les programmes électoraux, elle doit prendre aussi en compte l'action des ONG qui travaillent à l'aboutissement du processus.[272]

Par ailleurs, certaines organisations doivent prendre à cœur la question des droits de l'homme. Elles doivent veiller à ce que les droits des citoyens soient pleinement garantis. Elles doivent, par exemple, veiller au respect du « droit à la défense », en permettant à chaque citoyen de se défendre à la justice. En effet, dans certains pays africains, le système judiciaire ne dispose pas de mécanisme « d'aide juridictionnelle » pour financer les frais de justice des citoyens. Dans ces conditions, un citoyen qui n'a pas suffisamment de moyens ne pourra pas se défendre à la justice. Dès lors, certaines ONG doivent soutenir les Etats dans ce domaine, en mobilisant des fonds nationaux et

---

[271] John IGUE., *op.cit, p.51.*
[272] *Ibid.*

internationaux pour défendre la cause des citoyens « oubliés » par la justice.

Enfin, la nouvelle boussole de la démocratie doit être confiée à ces organisations qui sont à pied d'œuvre depuis des décennies, pour donner la chance aux peuples africains de connaitre le bonheur de la démocratie. Cependant, pour atteindre tous ces objectifs évoqués, les ONG doivent travailler à la construction d'une véritable société civile africaine forte et résolument engagée dans le combat démocratique.

2. *L'implication discontinue de la société civile*

Par essence, la société civile peut être définie comme une constellation d'associations agissant dans le secteur public autre que le secteur d'Etat. Elle est l'expression volontaire des groupements d'intérêt et d'aspiration des citoyens qui partagent les mêmes buts et les mêmes valeurs morales et/ou sociétales.[273]

Le concept de la société civile remonte à des temps anciens. L'histoire relatée par Dominique Colas laisse penser que la démocratie participative de la période gréco-romaine reposait sur la société civile. Ce concept est repris par les différents théoriciens de la pensée politique et philosophique depuis Saint Thomas d'Aquin jusqu'à Durkheim en passant par Gilles de Rome, Leonardo Bruni, Hobbes, Rousseau, Hegel et Marx pour ne citer que ceux-là. Malgré la sénescence

[273] John IGUE., *op.cit, p.43.*

du concept, celui-ci s'est néanmoins essoufflé sous l'emprise des empires coloniaux et de l'émergence de mouvements révolutionnaires d'obédience marxiste en Europe de l'Est à partir de 1918.

Les empires coloniaux ont étouffé les initiatives populaires de participation à la construction et au fonctionnement de l'Etat, tandis que l'avènement du communisme en Europe de l'Est s'est traduit par la Guerre froide et l'affrontement Est-Ouest. Durant la longue période des empires coloniaux et de la Guerre froide, la démocratie participative a laissé la place aux Etats forts comme seules structures de régulation sociale. Les Etats étant incontestablement tout-puissants, ils contrôlaient tous les secteurs de la vie sociale. Le concept est réapparu avec les luttes de libération menées par les peuples dans diverses parties du monde, et surtout après l'effondrement du Bloc communiste qui, entraîna la naissance d'une démocratie participative issue des nouvelles libertés concédées par l'économie libérale.[274]

À la différence du reste du monde où les empires coloniaux ont vite cédé la place à l'émergence des Etats-nations indépendants, consécutif à des luttes de libéralisation organisées par les forces sociales, l'Afrique n'a connu l'émergence de la société civile qu'avec le processus démocratique amorcé depuis 1990. Certes, les forces syndicales et politiques avaient auparavant dominé le paysage politique et social, cependant le domaine de ces organisations syndicales

---

[274] Maloudou GAZIBO., *op.cit.p.2012.*

couvrait essentiellement le monde rural – autour des enjeux que représentaient les cultures de rente. Ce fut le cas des organisations paysannes sénégalaises autour de l'arachide et celles du Nigeria avec le cacao (cas du puissant syndicat des agriculteurs (AGBEKOYA), de même que le cas du syndicat agricole africain en Côte d'Ivoire. Ces organisations ont conduit le processus de démocratisation jusqu'à la chute des régimes populistes, marxistes et autoritaires qui dominaient l'Afrique. Au surplus, elles ont largement contribué à la fin des partis uniques et au triomphe modeste du multipartisme et de la démocratie.[275]

Dans le contexte de l'état de droit démocratique, l'émergence d'une société civile africaine est fondamentale. Une société civile bien structurée et engagée dans la défense des valeurs démocratiques et des droits humains, en étant le levier de la lutte contre les violations des principes démocratiques, les violations des libertés fondamentales, les abus du pouvoir et les coups d'Etat militaires ou constitutionnels.

Ainsi, en sus du rôle prépondérant des organisations internationales et des ONG, l'engagement de la société civile africaine dans la construction de l'état de droit démocratique en Afrique est primordial. On se souvient à cet égard, combien la participation des mouvements politiques et syndicaux africains à la lutte pour la démocratie, a permis la chute des régimes

[275] Mamoudou GAZIBO., *op.cit.*

dictatoriaux et l'avènement du multipartisme et de la démocratie en 1990.

En effet, le combat pour la démocratie a été porté par la société civile à travers les mouvements nationaux de revendications démocratiques. Dans bien des pays comme le Mali, le Bénin, la Zambie ou l'Afrique du Sud, la démocratie a été conquise de haute lutte grâce à l'engagement des citoyens africains.

Dans ces pays, les revendications démocratiques étaient portées par des organisations de la société civile, notamment les syndicats des travailleurs, les étudiants, l'Église et la presse indépendante.

En Côte d'Ivoire, le vaste mouvement des revendications démocratiques a décollé en février 1990 avec la grève des étudiants de la cité universitaire de Port Bouet (une commune de la capitale ivoirienne). La veille, une descente musclée de la police nationale dans la cité universitaire de Port Bouet avait interrompu inopinément la réunion du syndicat étudiant FESCI (fédération estudiantine et scolaire de Côte d'Ivoire). Mécontents, les étudiants descendirent dans les rues pour dénoncer l'ingérence du pouvoir – considérant que celui-ci avait porté atteinte à leur liberté d'association et de réunion. Ils profitèrent de l'occasion pour revendiquer l'alternance démocratique[276].

Dans le processus de démocratisation au Benin, la société civile a été un pilier essentiel pour la lutte démocratique. John Heilbrunn soutient à cet effet que,

---

[276] Riman VAN., *op.cit.*

« le succès de la conférence nationale au Bénin, contrairement au Togo, réside dans la qualité de la société civile de ce pays »[277]. Selon l'auteur, le Bénin se caractérise par une vie associative florissante. Ces associations ont toujours exercé une influence politique sur le pouvoir et disposent d'une expertise en matière de négociation. Elles ont mis leur expérience à contribution pour assurer le succès de la conférence nationale.[278]

De ce qui précède, il convient de retenir que l'émergence de l'état de droit démocratique en Afrique nécessite l'implication active d'une société civile africaine forte et dynamique. Toutefois, faut-il souligner que, même si la société civile africaine est réputée pour remporter des combats démocratiques, elle est moins présente lorsqu'il s'agit de conserver les acquis démocratiques.

En effet, comme dans les années 90, une fois les revendications démocratiques satisfaites et un nouveau régime installé, la société civile s'enfonce dans un profond mutisme et ne réapparait qu'à l'approche des

[277] Mamoudou GAZIBO., *op.cit.*

[278] Une des limites des démocratisations africaines réside dans la faiblesse de la société civile, voire son inexistence, puisqu'elle est souvent difficile à distinguer de l'État. Il s'agit là d'un des héritages de l'*État intégral* qui est, par essence, un modèle d'hégémonie parfaite par lequel l'État africain des années 1960-1990 a essayé d'asseoir une domination sans restriction sur la société civile. Porteur lui-même de l'héritage de l'État colonial, l'*État intégral* réduit la frontière entre l'État et la société civile. Cette dernière est structurée en appendice des structures d'État. Il en résulte des citoyens passifs, des organisations inféodées, dont les obligations civiques sont inscrites dans des rituels publics d'allégeance, à savoir les marches de soutien, les applaudissements qui fusent à l'apparition des leaders, le plébiscite et l'unanimisme à l'occasion des scrutins monolithiques. La société est donc absorbée ou, au mieux, entretient un équilibre précaire avec la puissance publique. Voir précisément Mamoudou GAZIBO *(idem)*.

élections présidentielles comme – si sa mission se limitait à la lutte contre les régimes autoritaires. Et pourtant, l'alternance et le changement de régime ne sont que des éléments *partiels* de la démocratie. Dès lors, la société civile doit se battre aussi pour gagner le combat de la liberté, de l'état de droit et des droits de l'homme. En d'autres termes, la société civile doit continuer à occuper la première place qui lui revient de droit dans la construction de la démocratie. Le processus de démocratisation actuel est confronté à de nouveaux défis qui nécessitent les actions permanentes de la société civile.[279]

Enfin, le champ d'action de la démocratie s'est élargi avec l'émergence des droits de l'homme. L'Afrique a désormais besoin d'une nouvelle société civile capable de porter haut les revendications démocratiques, défendre les droits et libertés des peuples africains et relayer souvent l'Etat dans certains secteurs de l'économie, de l'éducation et de l'emploi. Autrement

[279] Face à ces nouvelles exigences il faut une société civile dynamique, capable de relayer les Etats indélicats et d'en assurer un contrôle vigilant. Pour ce faire, plusieurs actions sont proposées : 1) La promotion d'une société civile d'en bas regroupant l'ensemble de tous ceux qui sont capables de contribuer à construire une autre économie, une autre politique et une autre culture. D'où l'importance accordée à la promotion des collectivités locales dans le cadre d'une politique de décentralisation ; 2) Cette société civile d'en bas doit être capable de porter plus d'espoir et de mobiliser le maximum de personnes pour la production ; 3) Elle doit se distinguer par la quête de solutions alternatives et la conquête de nouveaux espaces publics ; 4) Elle doit aussi se préoccuper de l'émergence d'une réelle citoyenneté nationale et régionale, gage d'une démocratie fonctionnelle ; 5) Enfin, elle doit être décloisonnée et contribuer activement au progrès de l'humanité, d'où l'importance de la participation à toutes les évolutions actuelles du monde, qu'elles soient économiques, politiques ou culturelles. Cf : John IGUE., *op.cit. p.48-52.*

dit, les organisations de la société civile doivent diversifier leurs actions, en prenant en compte les droits et libertés des citoyens africains. Elles doivent, par exemple, s'attaquer aux phénomènes de la « cherté de la vie », ou promouvoir le « droit à un emploi » pour les jeunes, en encourageant l'entrepreneuriat des jeunes dans certains pays d'Afrique. En revanche, ces actions de la société civile doivent être complémentaires à la participation des médias et des réseaux sociaux (paragraphe 2).

B. La contribution des médias et des réseaux sociaux

En sus d'une société civile africaine forte et des organisations non-gouvernementales, le chantier de l'état de droit démocratique en Afrique a besoin de la contribution substantielle des médias (1) et des réseaux sociaux (2).

1. L'apport des médias

De prime à bord, il est judicieux de rappeler que l'histoire des médias en Afrique, relativement très ancienne,[280] va de pair avec la démocratie. En effet, la

[280] Venue tardivement à la presse le premier journal au monde étant paru en Allemagne, il y a quatre cents ans, l'Afrique dans ce domaine, s'est bien rattrapée. En Afrique de l'Ouest, l'histoire de la presse commence en 1822 avec la Royal Gold Coast Gazette et la Sierra Leone Gazette, toutes deux fondées par le gouverneur Sir Charles MacCarthy (Moussa Paye, 2004). Peu après, en 1859, paraît au Nigeria le journal Iwe Iroyin, publié en Yoruba par le Révérend Henry Townsend de la Church Missionary Society. L'objectif du

transition démocratique qui a débuté dans les années 1990 a favorisé le pluralisme de l'information. Le paysage médiatique s'est profondément transformé avec l'apparition de journaux privés, qui ont brutalement rompu le monopole des médias publics. Ces journaux privés seront suivis par les radios, et plus tard par les télévisions. Renaud de la Brosse écrivait à cet égard, « cette démocratisation s'est accompagnée d'une libéralisation entière ou partielle du paysage médiatique : des lois sur les médias ont vu le jour ou des lois existantes ont été réformées pour s'adapter au nouveau contexte politique. Cette ouverture du marché des médias a entraîné l'explosion de leur nombre. Pour chaque

---

journal était d'éduquer et de convertir les peuples indigènes au christianisme. Il est significatif à cet égard que la première Bible en Yoruba est imprimée trois ans plus en 1862 par les mêmes presses qui tiraient le journal (...) Une presse plus concernée par les problèmes du continent ne tarde pas à éclore. Au Ghana, l'Accra Herald des frères Charles et Edmund Bannermann véhicule des mots d'ordre nationalistes et plus tard, Kwame Nkrumah créera le 3 septembre 1948, l'Accra Evening News qui devient l'un des principaux supports de la propagande nationaliste (Rooney, 1990 et Blay-Amihere, 1996). L'autorité coloniale ne sera pas sans réaction. Kwame Nkrumah et plusieurs de ses journalistes sont alors condamnés et incarcérés sous la loi de la sédition à trois années consécutives de prison dont la dernière pour délit de presse. En Côte d'Ivoire, Le Réveil, organe du Rassemblement démocratique africain (RDA) subit aussi les foudres de la justice coloniale dont le procureur de Montera demande la levée de l'immunité parlementaire de son directeur de publication Gabriel d'Arboussier et du leader Félix Houphouët-Boigny (Dadié, 1983 et de Benoist, 1982)2. La première presse véritablement africaine est donc d'essence militante. C'est tout le contraire de la presse qui éclot avec les transitions démocratiques. Elle est moins liée aux partis politiques, se veut plus professionnelle. Le pluralisme de l'information a été l'une des manifestations de la transition démocratique commencée dans les années 1990 en Afrique de l'Ouest. Le paysage médiatique s'est profondément transformé avec l'apparition de journaux privés qui ont brutalement rompu le monopole public, bientôt suivis par les radios et plus tard les télévisions. Voir précisément Chérif SEYE, *Médias, conflits, paix et démocratie en Afrique de l'Ouest,* Actes, nov.2005,p.55-56.

État, il est apparu nécessaire d'encadrer ces nouveaux flux[281]».

Cependant, même si la démocratisation a favorisé l'éclosion du paysage médiatique en Afrique, il semble à notre avis que les médias n'ont pas toujours été étrangers au processus. Ils ne peuvent donc pas être considérés comme des acteurs extérieurs, ayant simplement bénéficié des fruits de la démocratisation. Ils ont également participé au processus.[282] D'ailleurs, dès 1990, dans plusieurs pays africains, des médias privés n'ont pas attendu l'avènement des régimes démocratiques pour braver les interdits. Certains ont été les premiers opposants aux dictatures en place à réclamer la liberté de presse et à défendre les causes des populations. Au Nigeria, par exemple, où gouvernements civils et militaires ont alterné depuis 1966, les relations entre presses, journalistes et le pouvoir étatique, ont toujours été très tendues à raison des revendications démocratiques de la presse.[283]

Toutefois, nonobstant l'apport substantiel de ces médias au processus de démocratisation africain, il n'en demeure pas moins que leur rôle n'a pas toujours

---

[281]Gilbert TOPPE., *In* « Renaud de la Brosse, médias et démocratie en Afrique : enjeu de la régulation », *Open édition*, Vol.26, 2014, pp.414-416.

[282] Après avoir connu « l'ère des masses » entre les deux guerres mondiales, propice, comme l'avait fait observer Hannah Arendt, aux totalitarismes, puis la démocratie des partis durant les Trente Glorieuses, nos régimes ont connu une phase que Bernard Manin a baptisée *« démocratie du public »* dans les années 1980 et 1990. Sous l'influence de la télévision, média généraliste de l'époque, les électeurs se comportaient en tant que public d'une vie politique perçue sous l'angle du spectaculaire. *Ibid.*

[283] *Ibid.*

été positif dans certains pays. Le paysage médiatique est souvent exposé à des manipulations politiques. Les pouvoirs en place s'en servent très souvent pour attiser la haine, les conflits ethniques et religieux. On se souvient à cet égard du rôle négatif joué par la radio libre des mille collines dans le génocide des tutsis au Rwanda. Cette radio avait été utilisée par les autorités gouvernementales et les milices hutus pour attiser la haine raciale contre les tutsis, les hutus modérés et les Belges.

En effet, de 1990 à 1994, le régime d'Habyarimana s'est servi de tous les moyens de communication pour diffuser la haine dans la conscience des hutus radicaux. Cette propagande raciale atteint son apogée en août 1993 lorsque les proches de Juvénal Habyarimana créent la radiotélévision libre des mille collines (RTLM). Ferdinand Nahimana, propagandiste en chef du régime prit la tête de cette radio et permit aux extrémistes hutus d'inonder le Rwanda de leur idéologie raciale. Grâce à la propagande médiatique, les extrémistes montèrent en puissance : la radio des mille collines diffusait chaque jour la liste des tutsis et des hutus modérés à « exterminer ».

Le 3 avril 1994, les propagandistes annoncèrent à la radio qu'il, *« va se passer une petite chose en ces jours de pâques à Kigali (...), cette petite chose va continuer les jours suivants*[284] *»* insistaient les journalistes.

---

[284] Voir : Extrait *« du film documentaire sur le génocide des tutsis au Rwanda, témoignage des survivants »*, disponible sur YouTube, https://www.youtube.com/watch?v=G2VbZxt7H2g&t=1637s

Dans la nuit du 6 avril 1994, l'avion du Président Habyarimana est abattu alors qu'il amorçait sa descente sur Kigali. Dès lors que la RTLM annonça la mort du Président Habyarimana, le Rwanda bascula dans le génocide. Les heures qui suivirent, des milliers de civils tutsis et hutus modérés furent massacrés par l'armée et les extrémistes hutus à Kigali. [285] Ainsi, par la manipulation de l'information, les médias peuvent tomber dans les dérives et constituer un danger permanent pour la paix et la démocratie.

De même, en Côte d'Ivoire, pendant la guerre civile de 2002, Reporters sans frontières (RSF) avait maintes fois dénoncé le climat de haine et de tension entretenu par des presses partisanes en déclarant :

« Avant la crise, les médias ont joué un rôle négatif, car ils ont grandement contribué à exacerber les tensions et les conflits latents par la diffusion de fausses rumeurs, tout en ignorant la déontologie de leur profession. Des activistes politiques étaient devenus du jour au lendemain des journalistes, transformant ainsi les journaux en caisses de résonance de partis auxquels ils sont inféodés. Une partie de la presse a pris parti pour les forces rebelles et l'autre pour les forces gouvernementales. »[286]

Dans le même ordre d'idées, au Nigeria, en novembre 2002, un article du journal « *This Day* », publié après l'élection d'une Nigériane Miss Monde a débouché sur des évènements ayant provoqué la mort de plus de 200 personnes et la blessure de plus de 500 autres à

---

[285] Voir : *Supra.note.272.*

[286] Chérif SEYE., *op.cit,p.58-59.*

Kaduna. Ces évènements non isolés démontrent combien la manipulation de l'information par les médias peut produire des conséquences graves pour la paix et la stabilité démocratique dans un Etat.[287]

Et pourtant, par leur nature, les médias sont des moyens de communication et de diffusion de l'information au service de la paix et de la démocratie. La presse écrite, la télévision, la radio, les affiches publicitaires et aujourd'hui les réseaux sociaux constituent de véritables atouts pour la démocratie.

En effet, en raison de leur promiscuité avec la population, les médias peuvent jeter les bases de l'éducation démocratique[288]. Ainsi, leur participation effective au processus démocratique pourrait résoudre l'épineuse question de l'éducation politique de la masse, Car, les élections pluralistes, l'essence de la démocratie, n'auront aucun sens si la majorité du peuple est incapable de comprendre ni les règles du jeu démocratique ni leur finalité. Il en est de même, si les électeurs ne sont pas en mesure de se prononcer de manière réfléchie et responsable sur le choix des hommes et des femmes emmenés à les gouverner – encore moins, si les normes constitutionnelles et les lois électorales leur sont totalement inconnues.

Par ailleurs, les mass-médias ayant la facilité de toucher un nombre incalculable de citoyens, elles doivent contribuer massivement à la diffusion des valeurs démocratiques pour atteindre toutes les populations, y

---

[287] Chérif SEYE.,*Supra.note.274.*

[288] Christelle GBOH., *op.cit.*

compris celles vivant dans les localités les plus reculées du pays.

Enfin, les mass-médias doivent contribuer à la consolidation de la paix et à la pacification de la vie politique, à travers l'information de la masse sur les enjeux des élections pacifiques et démocratiques, l'élimination des discours haineux dans le traitement de l'information et l'interdiction de diffuser les contenus haineux.

2. *L'apport des réseaux sociaux*

Au regard de l'évolution exponentielle de la science du numérique, avec l'apparition de nouveaux acteurs dans le monde médiatique, la démocratisation et les droits de l'homme ne peuvent se passer des réseaux sociaux. Ces médias numériques ont permis la « libération » de la parole et la « libéralisation » de l'information – et partant, ont favorisé le libre accès des citoyens à l'information. Selon Brice Couturier, « les réseaux sociaux, en altérant la dynamique de la distribution de l'information, ont dépossédé les despotismes arriérés de leur monopole sur les outils de communication locaux[289] ». Ils ont contribué à la chute de certaines dictatures en Afrique, notamment en Tunisie, en Egypte et au Burkina Faso.

---

[289] Brice COUTURIER, « La démocratie malade des réseaux sociaux », *In constructif,* N°61, p.5.

Par ailleurs, les réseaux sociaux ont favorisé l'émancipation des libertés d'expression et de réunion. Non seulement, ils permettent aux citoyens d'exprimer leurs opinions dans la diversité, mais favorisent aussi la mobilisation des militants, des groupements politiques ou des manifestants. En outre, ces médias numériques permettent de surveiller le déroulement des élections et d'interpeller les dirigeants corrompus ou incapables.[290]

Dans certains pays, ils sont utilisés par les citoyens comme outils de dénonciation des abus du pouvoir, et permettent d'interpeler l'ONU et la Cour pénale internationale (CPI) sur des cas de violation des droits humains et des crimes internationaux.

En revanche, même si les réseaux sociaux constituent des canaux parfaits pour l'éducation politique de la masse, la vulgarisation des valeurs intrinsèques de la démocratie et des droits humains, leur utilité est vivement contestée. Ainsi, considérés hier comme des espaces d'expressions démocratiques, ils sont perçus aujourd'hui par certains auteurs comme des instruments de « déconstruction de la démocratie ».

Certes, ces auteurs ne démordent pas le rôle substantiel des réseaux sociaux en tant que moyens puissants de communication et de diffusion de l'information, mais, ne les considèrent pas comme des outils

---

[290] À l'époque, dans nos vieilles démocraties libérales, Internet apparaissait aussi souvent comme un moyen « d'émancipation citoyenne », apte notamment à rendre la parole aux administrés en dehors des périodes électorales dans le cadre d'une « démocratie participative ». *Ibid.*

pouvant servir les causes démocratiques.[291]Des auteurs comme Yascha Mounk les qualifient même d'outils de la *« déconsolidation démocratique[292] »*.

Ce désamour pour les réseaux sociaux, peut s'expliquer à travers plusieurs raisons. D'une part, il est reproché à ces nouveaux médias numériques de « désintermédier » l'information comme tout le reste : les journalistes ont été dépouillés de leur ancienne fonction de *gatekeepers* (intermédiaires) ; tout le monde peut émettre un avis, annoncer une information dont il a été témoin ou lancer une rumeur ; l'approche des élections présidentielles comme c'est souvent le cas dans la plupart des pays africains, des « cyber-archivistes » emportés par la passion politique se transforment en analystes politiques et tiennent des discours « venimeux » qui attisent les vieilles rivalités et les tensions politiques.

D'autre part, l'utilisation des réseaux sociaux à des fins « propagandistes » en fait des menaces pour la paix et pour l'état de droit démocratique. Certains internautes, « ignorants », manipulés par des hommes politiques se servent des comptes anonymes pour diffuser la haine dans la masse.

Face à ces dérives, il est impérieux de réguler l'environnement de ces nouveaux médias. À cet égard, les responsables de ces réseaux doivent durcir les conditions d'utilisation, en renforçant leur politique de

---

[291] Alain GUILLEMOLES, « Les réseaux sociaux sont-ils bons pour la démocratie ? », *La Croix*, 09 mars 2020, p.2 ; Consulté le 05 novembre 2023.
[292] *Ibid.*

publication des contenus. Au surplus, les administrateurs des comptes et les internautes doivent s'abstenir de diffuser ou relayer des contenus à caractère haineux, raciste, homophobe et xénophobe.

Sur le plan pénal, les juridictions nationales et internationales doivent se saisir des infractions commises à partir des réseaux sociaux et punir les auteurs de ces faits.

Cependant, nonobstant ces éléments négatifs soulignés, les médias et les réseaux sociaux constituent de véritables forces de proposition et de promotion de la démocratie et des droits humains en Afrique. Leur implication « active » dans la construction de l'état de droit démocratique permettra d'inculquer à la masse une culture démocratique et les valeurs fondamentales des droits de l'homme.

Somme toute, peut-on retenir que les organisations internationales et régionales ont largement contribué à l'émergence de la démocratie et des droits de l'homme sur le continent africain. Elles ont posé les bases juridiques du processus de démocratisation, et ont favorisé ainsi, la consécration en droit régional africain d'un « droit fondamental à la démocratie », que les citoyens africains peuvent invoquer devant les instances juridictionnelles de leur pays pour réclamer le respect des principes démocratiques.

Toutefois, ces efforts significatifs ne suffisent guère à consolider la démocratie et la bonne gouvernance sur le continent. Le processus de démocratisation qui a démarré au début des années 90, s'étouffe lentement à raison des conflits armés et de la menace terroriste, des coups d'Etat militaires, la manipulation de l'identité culturelle à des fins politiques, la corruption, les inégalités sociales et l'insuffisance des performances économiques. Ces difficultés prégnantes, affectent considérablement la consolidation de la démocratie, de l'état de droit et des droits de l'homme en Afrique. Dans ce contexte, seule l'adoption d'une approche de la démocratie centrée sur la protection et la garantie des droits fondamentaux des peuples africains permettra de surmonter ces obstacles déterminants.

CONCLUSION

L'avènement de la démocratie au début des années 90, sonne le glas d'une nouvelle ère pour le vieux continent africain, éprouvé par l'effervescence des régimes dictatoriaux et autoritaires enracinés depuis les indépendances. En effet, aux lendemains des indépendances, les nouvelles élites politiques précipitent le continent dans une dictature sans précédente. Les régimes autoritaires[293] accaparent le pouvoir et n'accordent peu de place aux droits fondamentaux des peuples africains. Ces gouvernants sensés incarner l'unité nationale deviennent des « loups » pour leurs peuples et dévorent minutieusement leur liberté, leur droit de choisir librement des représentants pour les gouverner.

A la fin des années 80, une nouvelle ère se dresse sur le monde, le mur de Berlin vient de tomber,

---

[293] Les pays africains ont rapidement sombré dans l'autoritarisme après les indépendances des années 1960. Les élites africaines développèrent de nouvelles stratégies pour maintenir l'État et conserver le pouvoir contre leurs adversaires. La combinaison de ces logiques a mené à la constitution d'une *« autocratie patrimoniale »* au point d'intersection entre logique coloniale et intérêts des nouvelles élites dirigeantes. Le résultat est ce qu'il appelle, à la suite d'autres auteurs, *« l'État intégral »,* Cette tentative de construction d'une domination sans restriction sur la société. La généralisation des autoritarismes impose que l'on en recherche la source. Certains auteurs, comme Francis Akindès, ont tenté de trouver l'explication dans la culture africaine qui serait autoritaire par essence puisqu'elle se caractériserait par des rapports inégalitaires à tous les échelons de la société, le communautarisme et une faible valorisation de l'individualisme. Sans établir une relation de cause à effet, Daniel Bourmaud estime que *« les sociétés précoloniales de l'Afrique subsaharienne ont développé des systèmes politiques dont l'architecture générale écartait les éléments fondamentaux de la démocratie».* Voir : Mamoudou GAZIBO, op.cit, p.63-88.

entrainant la chute du bloc communiste et l'avènement d'un nouvel ordre mondial. Profitant de ce contexte favorable, la France va inviter ces anciennes colonies à adopter la démocratie comme modèle de gouvernement. C'est ainsi qu'en décembre 1990, le Président de la République Française, François Mitterrand prononça à la Baule, un discours célèbre qui allait changer le cours de l'histoire :[294] *« le vent de la liberté qui a soufflé à l'Est devra inévitablement souffler un jour en direction du Sud (...) Il n'y a pas de développement sans démocratie et il*

---

[294] La chute du mur de Berlin, le 9 novembre 1989, témoigne du vent de changement qui souffle sur l'Europe de l'Est. Plusieurs pays comprennent dès lors l'urgence et entreprennent des réformes démocratiques d'envergure, marquant une rupture historique avec l'époque communiste. Profitant de la 16ème conférence des chefs d'État d'Afrique et de France qui se déroule à La Baule du 19 au 21 juin 1990, le président François Mitterrand prononce un discours dans lequel il invite les pays africains à suivre ce mouvement. Établissant un lien direct entre démocratie et développement, ce discours marque un changement d'approche pour la France qui « liera tout son effort de contribution aux efforts qui seront accomplis pour aller vers plus de liberté ». Mitterrand parle à cet égard de l'aide « enthousiaste » que son gouvernement accordera à ceux qui franchiront avec courage le pas du multipartisme, plusieurs pays d'Afrique fonctionnant à ce moment avec un système de parti unique. Le président français se défend toutefois de faire de l'ingérence dans les affaires intérieures des participants à la conférence, rappelant que « cette forme de colonialisme qui consisterait à faire la leçon en permanence aux États africains et à ceux qui les dirigent, c'est une forme de colonisation aussi perverse que toute autre ». Les opinions sont partagées quant à la portée à accorder à ce discours que certains observateurs décrivent comme un moment important dans l'évolution des relations France-Afrique. Plusieurs pays poursuivent ou entreprennent un virage vers le multipartisme qui se précisera au cours des années à venir (Côte d'Ivoire, Gabon, Bénin, République populaire du Congo, etc.). À un autre niveau, plusieurs voient dans cette diversité de partis politiques un facteur contribuant au réveil des rivalités et des tensions régionales qui vont diviser plusieurs pays au cours des années 1990. Voir précisément, « Gouvernance et gouvernement : le discours du président français François Mitterrand sur la démocratisation en Afrique », *Perspective monde*, 20 juin 1990.

n'y a pas de démocratie sans développement »,[295] déclara le chef de l'Elysée.

Inspirés par ces facteurs externes déterminants, les peuples africains vont se lancer à la conquête de la démocratie. Des mouvements nationaux se formèrent de part et d'autre pour faire face aux partis uniques fondés pour la plupart sur le *« néopatrimonialisme ».* Ces combats démocratiques ont conduit à la chute de l'autoritarisme et des partis uniques, et partant, ont entrainé l'éclosion du pluralisme politique, du multipartisme et de la démocratie.[296]

Dans la même période, la résurgence du principe de la « légitimité démocratique » en droit international est perçue comme une aubaine pour exiger le respect des principes démocratiques aux Etats africains. C'est ainsi que le principe des « élections périodiques et honnêtes » consacré dans la déclaration universelle des droits de l'homme, est présenté aux peuples africains comme le processus *sui generis* par lequel le continent peut naître de nouveau. Cette approche de la démocratie, est largement soutenue en droit international et régional africain – à travers des initiatives normatives, prétoriennes et opérationnelles des organisations internationales et régionales africaines. Ces dernières vont promouvoir la gouvernance démocratique, en invitant les pays africains à se conformer aux exigences internationales en matière de démocratie. Par ailleurs, ces organisations vont intervenir directement dans les

[295] Cristelle GBOH, op.cit.
[296] *Ibid.*

processus électoraux nationaux, à travers l'envoi des missions d'observation et d'assistance électorale dans plusieurs pays africains. Par leurs influences respectives, elles vont favoriser l'éclosion des gouvernements démocratiquement élus en Afrique.

Cependant, depuis le début du XXIème siècle, le processus de démocratisation s'effondre sous le poids écrasant des coups d'Etat, des conflits armés et les crises issues des contestations électorales. En sus de ces obstacles déterminants, persiste la prolifération d'une vision essentiellement électoraliste de la démocratie. Cette vision a conduit à la perversion du concept de démocratie en Afrique – si bien que dans l'esprit de certains africains, la démocratie est perçue comme un « instrument politique » à la solde des gouvernants, qui manipulent les règles du jeu à leurs guises, et utilisent le peuple comme du « bétail électoral », pour assouvir leur appétence du pouvoir.

Par ailleurs, dans cette ambition « démesurée » de démocratiser les systèmes politiques africains, les droits et libertés du peuple souverain étaient très peu mis en avant, à l'exception des « droits démocratiques » tels que la liberté d'opinion, la liberté d'association, le droit de vote. Ainsi, l'exigence démocratique était essentiellement portée sur l'organisation des « élections périodiques et honnêtes ».

La place insuffisante accordée aux droits humains dans le processus démocratique africain constitue, sans doute, la raison substantielle du déficit démocratique que traversent les pays africains aujourd'hui.

Des lors, pour relancer le processus, il convient, d'adopter une nouvelle approche - celle qui prônent, au-delà des élections périodiques et honnêtes, les droits et libertés des peuples qui fondent la légitimité du pouvoir politique en Afrique.

BIBLIOGRAPHIE

I. Ouvrages généraux

- Anne-Laurence GRAF-BRUGERE., *la menace contre la paix dans la pratique du conseil de sécurité des Nations Unies : reflexions sur un concept de droit international,* Schulthess, 2019, 309p.
- Denis ALLAND, *manuel de droit international public,* 7ème édition, puf, 2020, 336p.
- Jean ANTONIO, *souveraineté des Etats et droits de l'homme en droit international,* Dalloz, 20 juillet 2016,202 p.
- Jean-Marc DE LA SABLIERE, *le conseil de sécurité des Nations Unies : ambitions et limites,* 2ème édition, Larcier, 2018, 398 p.
- Jean-Pierre COT et al., *la charte des Nations Unies : commentaire article par article,* 3ème édition, economica, 2005, 3729p.
- M.Albaret et al., *les grandes résolutions du conseil de sécurité des Nations Unies,* Dalloz, 2012, 617.
- Mamoudou GAZIBO, *introduction à la politique africaine*, pum, 2010, 292 p.
- Mamoudou GAZIBO, *le paradoxe de la démocratisation en Afrique*, pum, 2005, 294 p.
- Ooumar DIARRA et al., *la construction de la paix et de la démocratie en Afrique de l'Ouest, Club du Sahel et d'Afrique de l'Ouest,* actes, novembre 2005, 164 p.
- Ousseni ILLY, *l'OMC et le régionalisme : le régionalisme africain,* Larcier, 333p.

- Saidou MOUROU TALL, *droit des organisations internationales africaines*, L'harmattan, 548p.
- Tshibangu KALALA, *les résolutions de l'ONU et les destinataires non étatiques*, Larcier ,353 p.
- Thibaut Fleury GRAFF, *manuel de droit international public*, tome2, puf, 2016, 270p.

II. Ouvrages spécialisés

- Christophe JAFFRELOT., *Démocraties d'ailleurs. Démocraties et démocratisation hors d'Occident.* Paris, Karthala, 2000, 638p.
- Hans KELSEN., *La démocratie. Sa nature. Sa valeur*, Paris, Dalloz, 2004, 121p.
- Hermet GUY., *Culture et démocratie*, Paris, Albin Michel et UNESCO, 1993, 244p.
- Jouve E et al., *L'Organisation de l'Unité Africaine*, Paris, PUF, 1984, 284p.
- Kassimi BAMBA et Kevin ADOU, *Côte d'Ivoire : chronique d'une crise (2002-2008*), p301.
- Maurice KAMTO., *Droit international de la gouvernance,* A. PEDONE, p.340.
- Noam CHOMSKY, Robert MCCHESNEY W., *Propagande, médias et démocratie*, Montréal, Ecosociété, 2005, 209p.
- Philippe ARDANT., « *Le néo-colonialisme : thème, mythe et réalité* », Revue française de science politique, Paris, 1965, 1241p.

- Riman VAN., *le dilemme de la vengeance : les larmes d'un paradis déchiré*, sydney Laurent, Paris, janv.2021, p. 225.

III. Articles

- Abdou Khadre DIOP., « La cour africaine des droits de l'homme et des peuples ou le miroir standhalien du système africain de protection des droits de l'homme », *Erudit*, n°2, volume 55, 30 juin 2014, p.529-555.
- Arsène TCHAGNA., « Brève vue sur les déclinaisons de la démocratie dans la pratique de la communauté économique des Etats d'Afrique Centrale », *Revue Libre de Droit*, 2017, p.46-56.
- Barbacar GUEYE., « La démocratie en Afrique : succès et résistances », *RFDC*, n°129, février 2009, p.5-26.
- Célestin KEUTCHA., « Droit constitutionnel et conflits politiques dans les Etats francophones d'Afrique noir », *RFDC* ,n°63, 2005, p.451-491.
- Dodzi KOKOROKO., «Souveraineté étatique et principe de légitimité démocratique », *RQDI*,01/2003, p.737-759.
- Eric TOPANA, « L'Union Africaine dit non au coup d'Etat au Soudan », *Made For Minds*, 11 avril 2019.p.1-85.
- Gilbert BONDONGO, « Réflexion sur l'équilibre des pouvoirs en Afrique noire francophone : cas du Benin et du Congo », *ASJP*, vol.15.n°3.2014.

- Isabelle SAWYER, « Coup d'Etat constitutionnel, répression politique en Afrique Subsaharienne », *Human rRght Watch*, 7 septembre 2016.
- Jean D'ASPREMONT, « L'émergence et déclin de la gouvernance démocratique internationale », *RQDI*, .02/2009, p.57-80.
- Jean DU BOIS., « La justice en Afrique : nouveaux défis, nouveaux acteurs », *Cairn*, n°250, 2014, p.13-28.
- Judicaël TIEHI., « L'exécution minimaliste de l'arrêt de la cour africaine des droits de l'homme et des peuples dans l'affaire action pour la protection des droits de l'homme c. République de Côte d'Ivoire » *RDH*, n°13, 18, 2020.p.6.
- Karim DOSSO., « Les pratiques constitutionnelles dans les pays d'Afriques noires francophones ! Cohérence et incohérence », *RFDC*, n°90, 2012, p.57-85.
- Maurice KAMTO., « La communauté économique des états d'Afrique centrale », *AFDI*, Persée, n°33, 1987, p.839-862.
- Alex Njeru N'DUNGU., « Les limites de la démocratie africaine », *Libre Afrique*, p.1.
- N.FUALDES., « Dettes africaines : quels sont les pays les plus exposés », *Jeune Afrique*, 02 juillet 2020,p.12.
- Yves TERNON., « Rwanda 1994 : analyse d'un processus génocidaire », *RFDC*, n°190, 2009,p.15-57.

- Romain BIERZAMECK., « La non-reconnaissance et le droit international contemporain », *AFDI*, 1962, p.117-137.
- S. Chevalier., « Le concept de la bonne gouvernance dans les politiques de développement des institutions de Bretten Woods et de l'Union Européenne », *MBDE*, 11/12/11, p.4.
- Véronique HUET., « L'autonomie constitutionnelle des Etats : déclin ou renouveau ? », *RFDC*, n°73, 2008, p.16-87.
- Yves TERNON., « Rwanda 1994 : analyse d'un processus génocidaire », *RFDC*, n°190, 2009,p.15-57.

IV. Textes juridiques internationaux

Traités

- La charte des Nations Unies du 25 juin 1945.
- La déclaration universelle des droits de l'homme et des peuples du 10 décembre 1948.
- Le pacte international relatif aux droits civils et politiques de 1966.
- Le traité de l'Union Européenne du 7 février 1992
- Le traité sur le fonctionnement de l'Union Européenne du 13 décembre 2007
- La charte constitutive de l'Organisation de l'Unité Africaine de 1963
- Le traité de l'Union Africaine ou l'acte constitutif de l'Union Africaine de 2002
- Le traité constitutif de la CEDEAO de 1975

- Le traité constitutif de la CEEAC DU 18 AVRIL 1983
- Le traité révisé de la CEEAC de 2019
- La charte africaine des droits de l'homme et des peuples de 1981
- La charte africaine de la démocratie, des élections et de bonne gouvernance de 2007
- La charte africaine pour la participation du peuple dans le développement et la transformation, adoptée le 12 février 1990 à Arusha, Tanzanie.
- La convention européenne des droits de l'homme du 4 novembre 1950
- La convention américaine des droits de l'homme du 22 novembre 1969
- Le protocole additionnel de la CEDEAO sur la démocratie, les élections et la bonne gouvernance de 2001
- Le protocole de Ouagadougou portant création de la cour africaine des droits de l'homme et des peuples de 1998
- L'Accord de Cotonou du 23 juin 2000
- L'Accord post Cotonou conclu le 3 décembre 2020

Résolutions des Nations unies et du Parlement européen

- AG, Résolution 285 du 25 avril 1949
- AG, Résolution 43/157 du 8 décembre 1988.
- AG, Résolution 44/146 du 15 décembre 1989,
- AG, Résolution 48/17 du 3 novembre 1993.

- CS, Résolution 1528 /2004 du 27 février 2004.
- CS, Résolution 797 du 16 décembre 1992.
- CS, Résolution 814 de 1993.
- CS, Résolution 2134 du 28 janvier 2014.
- CS, Résolution 2531 du 29 juin 2020.
- CS, Résolution 940 du 31 juillet 1994.
- CS, Résolution 2048 du 12 avril 2012.
- Parlement Européen, résolution 265 du 22 octobre 2009.
- Parlement européen, résolution 2660, 13 juin 2012.

Déclarations

- La déclaration des chefs d'Etat et de gouvernement de l'OUA de 1990 sur la situation politique et socio-économique en Afrique et les changements fondamentaux intervenus dans le monde.
- La déclaration de Syrte adoptée par l'Organisation de l'Unité Africaine, le 9 septembre 1999
- La déclaration sur le cadre pour une réaction de l'OUA fac au changement anticonstitutionnel de gouvernements, AHG/Decl. 5 (XXXVI), adoptée le 12 juillet 2000 à Lomé
- La déclaration sur les Principes régissant les élections démocratiques en Afrique, OUA AHG/Décl.1 (XXXVIII), 2002.

V. Jurisprudences

- CIJ, 1986, activités militaires et paramilitaires au Nicaragua et contre celui-ci.
- CPJI, 1927, affaire lotus.
- CIJ, 1975, avis consultatif du 16 octobre 1975.
- Ccour EDH, 2019, affaire Chypre c. Turquie, 29 janv.2019.
- Cour ADHP, 2013, affaire Mtikila c. Tanzanie.
- Cour ADHP, 2016, affaire Action pour la protection des droits de l'homme c. République de Côte d'Ivoire, 18 novembre 2016.
- Cour ADHP, 2020, affaire Soro GUILLAUME C. République de Côte d'Ivoire.

VI. Mémoires

- Amina FATNASSI., *L'onu et la démocratie dans les pays émergents,* Université de Sousse, Tunisie ,2012.
- Christelle GBOH., *L'Union Africaine à l'épreuve de la démocratie,* Université Catholique d'Afrique de l'Ouest –Abidjan, Côte d'Ivoire, 2010.
- Revelli MBA ABESSOLO., *Les instruments de la COPAX face aux enjeux sécuritaires en Afrique Centrale,* Université Oumar Bongo, RDC, 2014.
- Salwa HAMROUNI., *L'onu et la démocratie,* Université de Tunis, Tunisie, 1996.
- Zied AYARI., *L'émergence de la légitimité démocratique en droit international,* Université Jean Moulin, Lyon 3, France, 2012.

VII. Documents officiels

- La Constitution Ivoirienne du 23 juillet 2000.
- Le code électoral ivoirien.
- Le rapport Duclert : *la France, Rwanda et le génocide des Tutsis (1990-1994).*

https://www.vie-publique.fr/sites/default/files/rapport/pdf/279186_1.pdf

VIII. Interviews et documentaires

- *Affaire* Laurent GBAGBO : Audience de comparution initiale devant la CPI, le 5 décembre 2011 : https://www.youtube.com/watch?v=mxW1XB0pJvc.
- Tuez les Tutsis ! film documentaire sur le génocide des Tutsis au Rwanda, témoignages des survivants. Film disponible sur You Tube. YouTube, https://www.youtube.com/watch?v=G2VbZxt7H2g&t=1637s.
- *« Il était une fois en Côte d'Ivoire, toute histoire est contemporaine »,* film documentaire sur les crises ivoiriennes. https://www.youtube.com/watch?v=Yw7PMVO9bzs.

TABLE DES MATIERES

Structures éditoriales du groupe L'Harmattan

L'Harmattan Italie
Via degli Artisti, 15
10124 Torino
harmattan.italia@gmail.com

L'Harmattan Hongrie
Kossuth l. u. 14-16.
1053 Budapest
harmattan@harmattan.hu

L'Harmattan Sénégal
10 VDN SICAP AMITIE 3
BP 45034 Dakar-Fann
direction@senharmattan.com

L'Harmattan Cameroun
Tsinga/Derrière polyclinique FECAFOOT
BP 11486 Yaoundé
Jacques.koukam@harmattan.fr

L'Harmattan Burkina Faso
Villa 281, secteur 23 623, rue 14.32
Ouagadougou
zagbie@outlook.fr

L'Harmattan Guinée
Almamya, rue KA 028 OKB Agency
BP 3470 Conakry
harmattanguinee@yahoo.fr

L'Harmattan RDC
185, avenue Nyangwe
Commune de Lingwala – Kinshasa
matangilamusadila@yahoo.fr

L'Harmattan Congo
219, avenue Nelson Mandela
BP 2874 Brazzaville
deunovmikhael@gmail.com

L'Harmattan Mali
Immeuble Mgr Jean Marie Cissé
Aci Hamadallaye
BP 145 Bamako
syllaka@yahoo.fr

L'Harmattan Togo
Djidjole – Maison Amela
face EPP BATOME
02 BP 20680 Lomé
didieramela11@gmail.com

L'Harmattan Côte d'Ivoire
Résidence Karl – Cité des Arts
Abidjan-Cocody
03 BP 1588 Abidjan
harmattan.ivoire@gmail.com

L'Harmattan Bénin
Rue 604, (Immeuble à l'entrée
de la rue UCAO- Cite de Saint-Jean)
Cotonou
stepcorpus@gmail.com

Nos librairies en France

Librairie internationale
16, rue des Écoles
75005 Paris
librairie.internationale@harmattan.fr
01 40 46 79 11
www.librairieharmattan.com

Librairie des savoirs
21, rue des Écoles
75005 Paris
librairie.sh@harmattan.fr
01 46 34 13 71
www.librairieharmattansh.com

www.ingramcontent.com/pod-product-compliance
Lightning Source LLC
LaVergne TN
LVHW011451061026
849535LV00004BA/1039
* 9 7 8 2 3 3 6 5 1 3 3 1 7 *